高校图书馆网络数据库评价体系研究

Research on Evaluation Criteria System for Networks Databases in Academic Libraries

汪徽志 著

中国书籍出版社
China Book Press

图书在版编目（CIP）数据

高校图书馆网络数据库评价体系研究/汪徽志著
. —北京：中国书籍出版社，2018.11
ISBN 978-7-5068-7151-8

Ⅰ.①高… Ⅱ.①汪… Ⅲ.①院校图书馆—电子出版物—评价—研究 Ⅳ.①G258.6

中国版本图书馆 CIP 数据核字（2018）第 277774 号

高校图书馆网络数据库评价体系研究

汪徽志 著

责任编辑	遆 薇
责任印制	孙马飞 马 芝
封面设计	中联华文
出版发行	中国书籍出版社
地 址	北京市丰台区三路居路 97 号（邮编：100073）
电 话	（010）52257143（总编室） （010）52257140（发行部）
电子邮箱	eo@chinabp.com.cn
经 销	全国新华书店
印 刷	三河市华东印刷有限公司
开 本	710 毫米×1000 毫米 1/16
字 数	201 千字
印 张	15
版 次	2019 年 4 月第 1 版 2019 年 4 月第 1 次印刷
书 号	ISBN 978-7-5068-7151-8
定 价	78.00 元

版权所有 翻印必究

目 录
CONTENTS

第一章 导 言 ·· 1
　一、研究对象　1
　二、研究目的和意义　2
　三、研究内容和方法　2
　四、研究方法的创新与不足　3

第二章 网络数据库建设现状 ································· 5
　一、国外网络数据库建设现状　6
　二、国内网络数据库建设现状　7

第三章 网络数据库评价指标体系比较分析 ·············· 9
　一、网络数据库评价研究成果综述　9
　　（一）国外网络信息资源评价研究现状　9
　　（二）国内网络信息资源评价研究现状　13
　　（三）网络数据库评价研究现状　18

二、目前研究存在的不足　22

第四章　网络数据库评价指标体系的构建 …………………………… 23

一、网络数据库评价方法的确定　23

（一）网络数据库评价指标体系应当具备的基本功能　23

（二）建立网络数据库评价指标体系遵循的原则　24

（三）建立网络数据库评价指标体系的方法　25

二、网络数据库评价指标体系的确定　30

（一）初定网络数据库评价指标　30

（二）确定专家调查名单　31

（三）采用特尔菲法确定网络数据库各级指标　34

（四）运用层次分析法计算各级指标权重　37

（五）构建网络数据库指标体系　45

三、网络数据库评价指标体系说明　47

（一）一级指标的权重分配情况　47

（二）二级指标的层内权重分配情况　48

（三）组合权重的分配情况　48

第五章　网络数据库评价实证分析 …………………………………… 50

一、网络数据库评价实证调查　50

（一）确定调查方法　50

（二）确定测评对象　50

（三）测评对象介绍　51

（四）确定问卷调查者　54

（五）设计调查问卷　54

二、调查结果及处理　54

（一）构建递阶层次结构　54

（二）处理调查结果　56
（三）建立判断矩阵与计算权重　58
（四）测评对象排序　70

三、实证分析结果说明　75
（一）二级指标层面上分析　75
（二）一级指标层面上分析　75
（三）总体上分析　76

第六章　结论与展望 ……………………………………… 78

一、结　论　78
（一）网络数据库评价指标体系构建　79
（二）国内外网络数据库测评　89
（三）国内省级政府网站信息构建状况分析　102
（四）The Evaluation and Empirical Research on Government Website Station Based on Information Architecture　114

二、展　望　131
（一）高校图书馆社会价值评价研究　131
（二）图书馆社会价值评价指标体系研究　138
（三）条件价值法引入图书馆社会价值评估的可行性分析　147
（四）基于条件价值的高校图书馆绩效评估方法研究　157
（五）图书馆资源系统社会价值评估研究　167
（六）CVM应用于图书馆社会价值评估的国外案例介绍　174
（七）高校图书馆参考咨询人员绩效评价指标体系研究　185

附　录 …………………………………………………………… 195

附录1　网络数据库评价指标体系调查表（第一轮）　195
附录2　网络数据库评价指标体系调查表（第二轮）　197

附录3　网络数据库评价指标体系调查表(第三轮)　199

附录4　网络数据库评价指标体系调查结果(第三轮)　200

附录5　建立评价指标的判断矩阵(程序一)　201

附录6　计算评价指标的权重(程序二)　202

附录7　网络数据库实证分析调查问卷　205

附录8　网络数据库评价调查结果汇总(平均得分)　210

附录9　实证分析-建立判断矩阵(程序三)　213

附录10　实证分析-计算权重(程序四)　215

参考文献　218

致　谢　228

第一章 导 言

人类已经进入一个高度网络化、信息化的时代,互联网的迅猛发展大大拓宽了人们获取知识和信息的领域,以一种传统信息资源从未有过的开放性、自由度和共享性为信息用户构建了一个巨大无比的信息平台。但由于网络的开放性特点,网上各类信息超速膨胀,带来信息查询、信息筛选和信息质量控制等问题的日益突显。

网络数据库的特点是信息容量大、参考价值高、学术性强,在使用上具有超时空、易检索、速度快、共享性好、易编辑等优点,网络数据库的内容更新及时、文献来源权威、检索功能强大,并可提供二次文献和一次文献的联结,在组织形式和使用方法上具有极大的优势,为用户检索文献提供了很多方便,使其日益成为网络信息资源建设中的首选。

一、研究对象

本文的研究对象为网络数据库,这里所称的网络数据库,是指以后台数据库为基础,加上一定的前台程序,通过浏览器完成数据查询等操作的系统。例如:中国学术期刊全文数据库(CNKI)、维普中文科技期刊全文数据库(VIP)、Web of Science、ProQuest Digital Dissertations(PQDD)等。网络数据库按文献形式可分为电子图书、电子期刊、电子报纸、学位论文、专科信息类型等;按内容特征可分为全文型、检索型电子文献。数据利用方式多为光盘塔检索、数据库镜像服务、网上包库等形式。

二、研究目的和意义

在今天这个高度数字化、网络化、信息化的时代,网络数据库由于其组织形式和使用方法上的巨大优势,为用户检索获取信息资源提供了极大的方便,日渐成为网络信息资源建设中的首选,因此,为其建立科学合理并且适用性强的评价指标体系刻不容缓、意义重大。

网络数据库评价指标体系的建立将为网络数据库的评估提供一套切实可行、科学合理的方法。不仅有助于对现有的网络数据库进行评估,而且可以从网络信息资源的角度指导网络数据库建设不断改进和完善。在实践意义上,网络数据库评价的研究可以对网络数据库这种网络信息资源的质量控制提供帮助,也可指导用户更好地利用网络数据库。因此,对网络数据库进行评价是网络数据库发展和用户的共同需求。

本文是国家社会科学基金项目"网络信息资源评价指标体系的建立与测定"(项目编号04BTQ023)研究成果的一部分,目的在于通过定性和定量相结合的方法,建立一套科学可靠的网络数据库评价指标体系,并且将所建立的评价指标体系进行充分的实证分析研究。本文的研究成果必将丰富和拓展网络信息资源评价的理论。

三、研究内容和方法

本文的研究内容为建立网络数据库评价指标体系,并进行实证分析。作为一种重要的网络信息资源,网络数据库需要进行比较评价,以便对网络数据库的建设起到正确的引导作用,主要包括:对国内外网络数据库建设现状及对网络数据库评价方法进行综述;在比较分析的基础上,综合运用网上特尔菲法和层次分析法建立起网络数据库评价指标,并确定各级指标的权重,从而构建出一套完整的评价指标体系;运用建成的网络数据库评价指标体系,选择若干个国内外网络数据库进行实证分析,根据实证分析结果,对网络数据库建设提出针对性的建议。

研究过程中主要采用文献调研、特尔菲专家调查法、定性与定量相结合的层次分析法,并大量应用计算机和网络技术,对调查数据进行采集、统计和数学处理,最终构建出一套完整的网络数据库评价指标体系。实证分析部分,以建成的网络数据库评价指标体系为依据,选取若干个网络数据库进行问卷调查,运用层次分析法处理调查结果,得出排名情况,并在进一步分析研究的基础上提出建设性意见。

四、研究方法的创新与不足

本文的创新之处在于:(1)充分利用了计算机和网络技术,采用网上问卷方式,编程计算处理调查结果,实时自动反馈统计数据,最大限度地缩短了调查周期,节约了研究成本;(2)运用减轮特尔菲法进行网上专家问卷调查,汇集了该领域各方面专家的意见和建议,并最终经过专家调查确定出完整的评价指标体系,具有较高的科学性和权威性;(3)运用层次分析法建立指标权重体系的过程中,采用更加科学合理的"等差分级、等比赋值"的指数标度系统来建立判断矩阵,获得非常满意的一致性检验结果。

在建立评价指标体系的过程中,也发现了一些问题和不足:(1)个别评价指标的可获得性问题。在对具体对象进行评估的过程中,一些公认的重要指标难以获取相关信息作为评分依据,个别指标评分数据的缺乏,对后面的评价产生一定的影响。(2)评价指标的量化问题。定性指标的指标值是通过调查评估赋予的,评估样本的大小会影响调查评估结果,可能导致网络数据库指标评价结果出现偏离。(3)采用网上特尔菲法专家问卷调查,在调查表的设计过程中,没有考虑到指标之间两两比较进行打分,专家只能对单个指标进行打分,导致分值普遍较高,因而最终采用的是满分频度来计算权重,未能全面反映指标之间的相互关系和相对重要程度。(4)经典特尔菲法一般要进行四轮调查,而本文采用减轮特尔菲法,设计了三轮专家调查表,专家仅能获取两次反馈信息。第一轮调查表设计中,专家添加新指标处未提示定义指标说明,导致第二轮调查表设计时,不能及时对新添加的指标做出明确的说明,需要再次联系专家反馈,客观上延长了调查周期;另外,在最后一轮调查中,专家虽然可以看见反馈信息,但指标体系均已确定,只能评分,不能再建议添加新指标,也存在一定的局限性。(5)采用指数标度改造的层次分析法,以及运用满分频度和平均分进行判断矩阵构建属于初步尝试,其科学性有待于进一步研究。(6)测试样本规模不够大。由于要对22个指标进行调查评分,对于每个调查者来说任务都比较重,容易引起调查者疲劳,从而会影响到调查结果的准确性。为保证调查结果的可靠性,本次调查规模限定于南京大学信息管理系研究生,并在确认有充分时间和相关知识背景的前提下,发放问卷调查表,最终回收有效调查问卷共计12份。

第二章　网络数据库建设现状

计算机和网络通信技术的飞速发展,硬件设备性价比的大幅度提高,为网络数据库的建设发展提供了有利的基础和保障。随着互联网的扩展和升级,网络数据库有了迅猛的发展。网络数据库作为一种主要的电子资源,其独特的优势在网络环境下日益突显,持续呈现出良好的发展势头:(1)学术电子期刊迅速增长;(2)电子图书后来居上;(3)文献全文取用及时方便;(4)数据库结构优化与功能增强;(5)数据库系统开放集成;(6)数据库服务智能化与个性化;(7)数据库管理在线实时[1]。

数据库技术是对大量的规范化数据进行有效管理的技术,可以大大地提高信息管理的效率。数据库方式是当前普遍使用和最受欢迎的网络信息资源组织方式,尤其是在大数据量的环境下,其优点的表现更为突出:(1)重复数据尽量少(即冗余最小);(2)能以最优方式为一个或数个应用服务(共享数据资源);(3)数据存放尽量独立于应用程序(数据独立性);(4)用一个软件统一管理这些数据。综上可以看出,现代网络信息资源组织的方式最好是数据库方式和超媒体方式的结合,这也是网络信息资源组织的未来发展趋势。正因如此各国纷纷发展本国的数据库产业[2]。

---

[1] 罗春荣. 国外网络数据库:当前特点与发展趋势[J]. 中国图书馆学报,2003(3):44-47.
[2] 于亚芳,刘彩红. 图书馆面向内容管理的网络数据库建设[J]. 图书馆学研究,2002(12):37-38.

网络数据库的特点：(1)信息内容丰富，权威性高，品种齐全，增长迅速；(2)数据更新及时；(3)数据标准、规范、多元；(4)检索功能强大，提供多途径多功能的检索方式和灵活多样的检索结果输出；(5)数据库系统有扩展整合功能；(6)提供智能化、个性化服务；(7)界面友好，使用便捷，无时空限制。

一、国外网络数据库建设现状

美国是世界上数据库业起步最早的国家，发展之初就已经形成一定的规模。20世纪80年代，在数据库数量增加的同时，数据库的记录数以更快的速度增长，并出现能集合多方分散信息源中数据的数据仓库。无论是数据库的数量、质量、品种、类型，还是数据库生产者、数据库提供商的数量，别的国家都无法与之抗衡。据Kathleen Young Marcaccio在其专著Computer-Readable Database：a directory and data sourcebook中所描述，从1979年开始，美国的数据库就在数量上有了一次飞跃，20世纪80年代末数量上又翻了一番，总数占到世界数据库的一半以上。

80年代初，以英、法、德为代表的欧洲国家在认识到数据库产业对社会发展和经济腾飞的重要性后，开始独立自主地建立自己的数据库产业和联机产业，从而打破了美国对数据库的垄断。尽管欧洲在数据库产业方面存在很大潜力，但无法与美国抗衡。美国在数据库产业方面依然保持着霸主地位，但是由美国一家垄断的局面亦不复出现①。

国外数据库建设由于起步早，发展得比较成熟，有许多成功的经验值得我们借鉴。体现出网络数据库的本身特点：(1)信息内容丰富，权威性高，品种齐全，增长迅速；(2)数据更新及时；(3)数据标准、规范、多元；

---

① 谢新洲，一凡.欧美数据库产业的发展现状[J].情报学报，1997(6)：434-442.

(4)检索功能强大,提供多途径多功能的检索方式和灵活多样的检索结果输出;(5)数据库系统有扩展整合功能;(6)提供智能化、个性化服务;(7)界面友好,使用便捷,无时空限制。而且在近些年的发展过程中呈现出以下特点:(1)全文数据库类型多,开发商生产商类型也多,收录文献全面,数据库质量高。(2)检索功能强大,检索结果处理多样化。(3)用户界面友好方便,易于理解,便于使用①。

二、国内网络数据库建设现状

我国数据库建设大约始于20世纪70年代中后期,当时主要工作是引进、学习和借鉴国外数据库的理论和成果,特别是引进和解决汉字处理技术。80年代开始研究和建设中文数据库,主要集中在科技文教部门。到了90年代,以中国第一家数据库专业公司——"万方数据公司"的正式成立为标志,数据库开始进入市场。根据1995年的统计,我国共有各种数据库1038个,其中一半左右已在一定范围内提供不同程度的服务,且容量大部分在10—100MB之间②。

根据中国互联网络信息中心(CNNIC)发布的《2005年中国互联网络信息资源数量调查报告》,我国目前在线数据库约为29.5万个;拥有在线数据库的网站数约为17.0万,占全部网站的24.5%;以拥有在线数据库的网站为基数,全国平均每个网站拥有1.7个数据库;以所有网站为基数,全国平均每个网站拥有0.43个在线数据库。在拥有在线数据库的网站中,68.1%的网站只拥有1个在线数据库,18.2%的网站拥有2个在线数据库,13.7%的网站拥有3个及以上的在线数据库。

---

① 苏建华,王琼. 国内外全文数据库检索功能分析及选择策略[J]. 图书情报知识,2005(2):84-86.
② 朱丽君. 网络数据库发展趋势及利用[J]. 图书馆学研究. 2004(4):21-22.

从在线数据库数量上看,企业网站拥有的在线数据库数量最多,占全部在线数据库的50.4%;从拥有在线数据库的网站上看,其他公益性网站、政府网站和商业网站拥有在线数据库的网站比例最高,分别为30.8%、29.3%和24.7%;在线数据库按内容分类以产品数据库为最多,达61.0%,其次为图片数据库、企业名录数据库等。记录数在1000条以上的数据库仅占全部数据库的29.8%;数据库字节数在50MB以上的占28.9%[①]。

可以看出,中国的网络数据库经过多年的建设和发展,已经取得了巨大成就:(1)数据库数量的激增,特别是可用数据库增加;(2)数据库容量明显扩大,总容量有很大提高;(3)数据库开发深入,促进了数据库与信息网络的结合;(4)结构发生变化,从过去的科技数据库为主,转向以经济和社会的数据库为主;(5)服务方式多样化,光盘镜像数据库成为主要销售方式。

国内数据库在取得一定成绩的同时,还存在着不少问题,主要表现在:(1)政府部门之间信息垄断现象比较严重。(2)数据库开发各自为政,重复建设现象严重。(3)标引不规范,缺乏统一的标准。(4)收录内容不完全。收录年代较近,需要加大数据库回溯力度。还存在漏收现象,核心期刊收录率低,降低了检索结果的参考价值。(5)数据库更新不够及时,有些数据库更新缓慢,电子期刊的发行比印刷型滞后太久。(6)数量多,容量小,数据库发展水平低。(7)内容广泛,深度不够,联网数据库少。(8)二次信息多,一次信息数据库比重偏低。(9)检索界面不够友好,检索功能有待开发。(10)信息人才匮乏,用户信息意识不强。(11)网络数据库的知识产权保护措施不力。

同国外数据库的发展相比,我国在数据库建设方面还比较落后。我们应吸取国外的经验与教训,尽快改进不足,从高起点上起步,逐步缩小同发达国家的差距。

---

① 中国互联网络信息中心.2005年中国互联网络信息资源数量调查报告[EB/OL].[2006-05-16]. http://www.cnnic.net.cn/uploadfiles/pdf/2006/5/16/183953.pdf

第三章　网络数据库评价指标体系比较分析

一、网络数据库评价研究成果综述

作为网络信息资源的一种形式,网络信息资源评价方面的研究对于网络数据库来说,也是有很大的借鉴作用和参考价值。

(一)国外网络信息资源评价研究现状

国外对于网络信息资源的评价主要有以下几种代表性观点:

1. 早在1991年,Betsy Richmond 就提出了评价网络信息资源著名的10C原则,即:内容(Content)、可信度(Credibility)、批判性思考(Critical thinking)、版权(Copyright)、引文(Citation)、连贯性(Continuity)、审查制度(Censorship)、可连续性(Connectivity)、可比性(Comparability)和范围(Context)[①]。

2. Allison Woodruff 是最早对核心网站开始研究的学者。他于1995年11月利用 Inktomi crawler 收集了260万个网页,通过对网页链接的分

[①] Richmond B. Ten C's for Evaluating Internet Sources[EB/OL]. [2007-04-28]. http://www.uwec.edu/library/research/guides/tenCs.pdf

析,筛选出被链接频率最高的网站①。

3. 1996年,McKiernan提出"链接"(Citation)一词来表示网页间的链接关系②。

4. 1997年,Ronald Rousseau建立起利用搜索引擎确定核心网站的方法③。

5. 美国乔治大学教授Wilkinson等提出了评价网络信息资源的11个门类共125个评价指标。这11个门类是:(1)可检索性和可用性;(2)信息资源的识别和验证;(3)作者身份的鉴别;(4)作者的权威性;(5)信息结构与设计;(6)信息内容相关性和范围;(7)内容的正确性;(8)内容的准确性与公正性;(9)导航系统;(10)链接质量;(11)美观与效果④。

6. 1997年,Wilkinson与Bennett、Olive创立了OASIS评价系统。OASIS是由客观性(Objective)、准确性(Accuracy)、来源(Source)、信息门类和信息量(Information)和信息时间跨度(Span)这5方面构成的⑤。

7. 1998年,Jim Kapoun以表格的形式在他的论文《网页评价五标准》中提出了网络信息资源评价的五条标准:(1)准确性:包括作者的联系方式、文献的写作目的、作者的资格等;(2)权威性:包括出版机构的性质等;(3)客观性:包括页面的偏向性、广告的目的、作者的观点等;(4)时效性:包括创作时间、更新时间、链接的可靠性等;(5)全面性⑥。

---

① Allison Woodruff. Overview[EB/OL].[2004-08-15]. http://www5conf.inria.fr/fich.html/papers/P7/Overview.html
② McKiernan G. Citedsites:Citation Indexing of Web Resources[EB/OL].[2005-11-01]. http://lists.webjunction.org/wjlists/web4lib/1996-October/006124.html
③ Ronald Rousseau. Cybermetrics[EB/OL].[2004-08-15]. http://www.cindoc.sic.es/cybermetrics/articles/vlilpl.html
④ Evaluating Internet Resources[EB/OL].[2005-10-01]. http://www.loc.gov/rr/business/beonline/selectbib.html
⑤ Wilkinson,Bennett,Olive. OASIS[EB/OL].[2005-12-01]. http://www2.hawaii.edu/~nguyrn/web/
⑥ Kapoun J. Teaching undergrads web evaluation:a guide for library instruction[EB/OL].[2005-08-01]. http://www.ala.org/acrl/undwebev.html

8. 2000年,Robert C. Vreeland 用"luminosity"表示某网站指向其他网站的链接的数量,用"visibility"代表某网站被其他网站链接的次数,对156个法律图书馆网站的影响力进行了研究①。

9. 英国的 David Stoker 和 Alison Cooke 对网络信息资源提出了8条评价标准是:(1)权威性;(2)信息来源;(3)范围及论述(目的、学科范围、读者对象、修订方法、时效性及准确性等);(4)文本格式;(5)信息组织方式;(6)技术因素;(7)价格和可获取性;(8)用户支持系统②。

10. 美国南加州大学教授 Robert Harris 提出了专门针对网络信息资源真实性的8条评价标准:(1)有无质量控制的证据,比如专家编审或同行评论;(2)读者对象和目的;(3)时间性;(4)合理性;(5)有无令人怀疑的迹象,如不实之词、观点矛盾等;(6)客观性,作者的观点是受到控制还是能够自由表达;(7)世界观;(8)引证或书目。还提出了著名的"CARS"检验体系,由四个方面构成:置信度(Credibility)、准确性(Accuracy)、合理性(Reasonableness)和支持度(Support)③。

11. 新西兰 Alastair G. Smith 借鉴印刷型信息资源的评价标准,提出了评价网络信息资源的指标体系,主要包括:(1)信息的覆盖范围,包括深度、广度、时间、格式等;(2)信息内容,包括准确性、权威性、通用性、独特性、与其他网络资源的链接情况及文本质量等;(3)图形和多媒体设计;(4)信息资源设立的目的与用户对象;(5)相关评论;(6)便利性,包括用户界面是否友好、计算机环境、检索、浏览、组织、交互、响应速度等;(7)成本费用。这一评价体系内容较为丰富细致,新西兰维多利亚大学

---

① Robert C Vreeland. Law libraries in hyperspace:a citation analysis of world wide web sites [J]. Law Library Journal. 2000,92(1):9 – 25.
② Stoker D, Cooke A. Evaluation of networked information sources [M]// LANCASTER F W. Information superhighway: the role of librarians, information scientists, and intermediaries. Essen:Universitätsbibliothek Essen,1995. 287 – 312.
③ Harris Robert. Evaluating Internet Research Sources [M]. Costa Mesa,Calif:[Robert Harris],1997.

的网络信息资源评价标准即是按照这一体系构建的①。

12. John R. Henderson 提出的六种信息选择方法,也可以看作是评价信息资源的六项指标。它们是:(1)适用性:该网站的主题与是否与自己的需求相关? 是否值得访问? (2)置疑:应当检查信息作者的研究方法和为最后结论所提供证据的科学性,必要时应参考其他信息源。(3)来源:此网站是政府、学术团体网站,还是商业或个人网站? 谁对此网站负责? 负责人是否具有资证? (4)目的:网站建立的目的是为了信息交流还是商业目的? 信息是否容易理解? 是否有遗漏的信息? (5)组织细节:所需要的信息是否能在网站的首页出现或者能够很容易地在网站其他网页上找到? 是否有语法和拼写错误? 链接了哪些另外的信息源? (6)与原始信息的关联②。

13. LII(Librarians' Index to Internet)的信息选择六项标准:(1)权威性(作者的声誉、资格);(2)范围和服务对象;(3)内容(信息准确性、独特性、及时性和可读性等);(4)设计(信息检索方式、使用的环境要求等);(5)功能(搜索引擎的功能、网站的速度、是否显示出错信息、能否播放影音文件等);(6)生命周期③。

14. IPL 的六选择标准:IPL(the Internet Public Library)是美国密歇根大学信息学院与 Bell & Howell 信息知识公司(前身即 UMI 公司)建立的网上公共图书馆。IPL 的信息选择标准是:(1)提供全面的信息且信息内容的使用频率要高;(2)信息要有定期、持续的更新;(3)图像内容应该对信息起到补充作用,而不应该转移用户的视线;(4)对于非图像浏览器,

---

① Smith Alastair G. Testing the surf: criteria for evaluating internet information resources [C]//University of Houston. Libraries. The Public-Access Computer Systems Review 8, no. 3. Houston, TX: University Libraries, University of Houston, 1997. 1–14.
② A guide to critical thinking about what you see on the web[EB/OL]. [2005-11-01]. http://www.ithaca.edu/library/Training/hott.html
③ LII selection criteria[EB/OL]. [2005-11-01]. http://lii.org/pub/htdocs/selectioncriteria.htm

只提供文本界面;(5)信息经过认真的校对,没有语法和拼写错误;(6)要包含与信息相关的活链接①。

15. OPLIN 的电子信息资源采集标准。OPLIN(the Ohio Public Library Information Network)是美国俄亥俄州公共图书馆信息网络,它针对免费信息的采集有 12 项指标,事实上也可以用作网络信息资源评价的标准。它们包括:资源的目的性、权威性、广告和电子商务性、用户适用性、内容真实性、准确性、传播面、主题覆盖面、信息独特性、稳定性、可用性以及形式状况②。

(二)国内网络信息资源评价研究现状

国内对于网络信息资源的评价主要有以下几种代表性观点:

1. 蒋颖认为网络信息资源评价标准包括:信息质量(学术水平、可信度、时效性、内容的连续性)、范围(信息的广度和深度)、易用性(链接速度快、无空链、无死链)和稳定性等③。

2. 左艺、魏良、赵玉虹提出的定量评价方法是:(1)通过各种查询引擎和主题指南及各站点提供的相关站点链接,统计有关某一类型和某一特定主题站点出现的频次来选择出常用站点;(2)通过各站点被访问次数统计排序来确定常用站点;(3)统计电子期刊订购人数、文章被访问和下载次数、超文本链接次数,并借鉴文献计量学中的引文分析法,利用科学引文索引(SCI)数据库光盘及期刊引文报告(ICR)对网上出版的电子期刊进行被引频次、影响因子分析,从而做出客观、公正的评价④。

---

① Internet Public Library. About ipl2 [EB/OL]. [2005 - 07 - 01]. http://www.ipl.org/div/about
② OPLIN. Ohio Public Library Information Network [EB/OL]. [2005 - 11 - 01]. http://www.oplin.lib.oh.us/products/abouyt/policies/respol.html
③ 蒋颖. 因特网学术资源评价:标准与方法[J]. 图书情报工作,1998(11):27 - 31.
④ 左艺,魏良,赵玉虹. 国际互联网上信息资源优选与评价研究方法初探[J]. 情报学报,1999,18(4):340 - 343.

3. 左艺、魏良、赵玉虹认为定性评价网络信息资源的指标为:(1)范围(广度、深度、时效及格式);(2)内容(准确性、权威性、时效性、独特性、精炼性);(3)可使用性(用户友好性、可检索性、可浏览性、组织方式及链接稳定性);(4)图形和多媒体设计;(5)目的及对象;(6)评论①。

4. 董晓英提出的网络信息资源评价9项标准是:(1)准确性;(2)发布者的权威性;(3)信息的广度和深度;(4)主页中的链接是否可靠和有效;(5)版面设计质量;(6)时效性;(7)读者对象;(8)独特性;(9)主页的可操作性②。

5. 黄奇、郭晓苗提出了对网络信息资源5个方面的评价标准:(1)内容(正确性、权威性、独特性、内容更新速度、目的及目标用户、文字表达);(2)设计(结构、版面编排、使用界面、交互性、视觉设计);(3)可用性和可获得性(链接、硬件环境需要、传输速度、检索功能);(4)安全;(5)其他评价来源③。

6. 罗春荣、曹树金认为,网络信息资源评价体系及具体指标应该包括3个方面:(1)内容(实用性、全面性、准确性、权威性、新颖性、独特性、稳定性);(2)操作使用(导航设计、信息资源组织、用户界面、检索功能、连通性);(3)成本(技术支持、连通成本)④。

7. 粟慧对各种网络资源评价标准进行综合整理,归纳出定性评价标准可以从三方面考虑:(1)内容:包括的指标有准确性、权威性、客观性、可靠性、独特性、新颖性、针对性、范围面和写作水平等。(2)设计:包括的指标有界面友好性、浏览和检索的难易程度、信息组织的科学性、页面设计的艺术性和适用性等。(3)运营:包括的指标有信息提供的保障性、

---

① 左艺,魏良,赵玉虹. 国际互联网上信息资源优选与评价研究方法初探[J]. 情报学报,1999,18(4):340-343.
② 董晓英. 网络环境下信息资源的管理与信息服务[M]. 北京:中国对外翻译出版公司,2000:75-81.
③ 黄奇,郭晓苗. Internet网站资源的评价[J]. 情报科学,2000(4):350-352,354.
④ 罗春荣,曹树金. 因特网的信息资源的评价[J]. 中国图书馆学报,2001(3):45-47.

可存取性、链接的可达到性、设备使用的兼容性及费用的高低等①。

8. 田菁则是从图书馆的角度提出了对网络信息资源进行评价的标准:(1)内容(网络信息的主题重点);(2)学术水平(作者的学术水平、作品结构的合理性、创造性、参考性、搜索引擎对信息的收录情况);(3)取用方式(使用的限制、费用);(4)站点及信息的连续性和稳定性②。

9. 李爱国认为对网络信息资源的评价应从下面几方面考虑:(1)覆盖范围(宽度、深度、时间、格式);(2)内容(准确性、权威性、通用性、唯一性和文本质量);(3)图形和多媒体设计;(4)目的与用户群;(5)评论;(6)便利性(用户友好性、需要的计算机环境、检索、浏览和组织、互动性、连通性等)③。

10. 陈雅、郑建明构建的网站评价指标体系包括:(1)信息内容(内容范围、时效性、稳定性、新颖性、独特性、完整性、有序性);(2)网站概况(网址、网站性质、面向的用户、安全管理与维护);(3)网页设计(结构与层次、用户界面、版面编排);(4)操作使用(可访问性、链接的质量、计算机环境需求);(5)网站开放度(提供服务的数量、主动性、交互性)等④。

11. 张咏提出了一个比较全面的网络资源定性评价指标体系。这个体系将网络信息评价指标分为三个层次:第一层次是基本要求指标,适用于所有网络信息资源的评价,是基本质量要求;第二层是主题领域要求指标,适用于特定主题领域;第三层是用户专题要求层,适用于特定专题领域⑤。

12. 金越将网页内容信息资源的评价指标和网站相关信息资源的评

---

① 粟慧. 网络信息资源评价:评价标准及元数据和 CORC 系统的应用[J]. 情报学报, 2001,21(3):295-300.
② 田菁. 网络信息与网络信息的评价标准[J]. 图书馆工作与研究,2001(3):29-30.
③ 李爱国. Internet 信息资源的评价[J]. 东南大学学报(哲学社会科学版),2002,4(1A):24-26.
④ 陈雅,郑建明. 网站评价指标体系研究[J]. 中国图书馆学报,2002(5):57-60.
⑤ 张咏. 网络信息资源评价方法[J]. 图书情报工作,2002(5):41-47,61.

价指标分开构建。网页内容信息资源的评价指标有：全面性、正确性（可信度）、权威性、适用性、时效性、独特性。而网站作为一个系统，具有动态变化特征，会随着因特网的发展而不断进步，而指标本身具有静止性的特点，所以必须采用动态指标与静态指标相结合的方法，将二者统一于网站评价指标体系中。网站相关信息资源的评价指标有：链接性、稳定性、创建者、目的用户、多媒体设计、交互性、费用、安全性[①]。

13. 强自力提出了3项评价大学图书馆网站的定量指标：(1)站点被AltaVista收录的网页数量；(2)站点被AltaVista链接的次数；(3)分别选定某领域的各个站点，检索出每个站点被该领域其他站点链接的次数以确定核心站点。这3项指标都是完全定量的[②]。

14. 沙勇忠、欧阳霞利用网站链接分析及网络影响因子测度的方法，通过搜索引擎AllTheWeb收集数据，对中国省级政府网站影响力做出评价。他们提出的研究指标是：(1)网站网页数；(2)总链接；(3)站内链接；(4)站外链接；(5)政府站外链接；(6)商业站外链接；(7)WIFtotal((2)与(1)的比值)；(8)WIFin((3)与(1)的比值)；(9)WIFex((4)与(1)的比值)；(10)网站访问量；(11)各地区信息化水平总指数[③]。

15. 邱燕燕运用层次分析法构建网络信息资源评价的层次结构模型及评价体系，在评价过程中根据萨蒂(Thomas L. Saaty)提出的"1—9标度方法"，建立一系列的判断矩阵，计算各矩阵的最大特征根和相应的排序向量，进行一致性检验。得出的结论为：运用层次分析法进行网络信息资源的评价不失为一种较好的方法，但也有其局限性，主要表现在其结果只是针对准则层中评价因素而来，人的主观判断对于结果的影响较大。另外，在进行网络信息资源评价中，应该注意不同主题、不同性质的

---

① 金越. 网络信息资源的评价指标研究[J]. 情报杂志, 2004(1): 64-66.
② 强自力. 利用搜索引擎高级检索功能评价大学图书馆Web站点[J]. 大学图书馆学报, 2000(4): 53-54, 64.
③ 沙勇忠, 欧阳霞. 中国省级政府网站的影响力评价——网站链接分析及网络影响因子测度[J]. 情报资料工作, 2004(6): 17-22.

网站之间,如商业网站和学术网站,网站和网页之间在许多方面具有不可比性①。

16. 庞恩旭利用基于模糊数学的方法构建网络信息资源多层次综合评判体系,并以专业网站为例进行了综合评判②。

17. 陈文静、陈耀盛则认为:以元数据为基础的网络信息资源的评价,在很大的程度上其成功需依赖于信息提供者的主动参与认证和用户对认证机构、评价标准、认证结果的信赖程度。由于元数据是由评价机构或网站提供的,存在一定的虚假的可能性;而现在进行网络信息资源评价的权威机构不多,所以评价结果的可信度不高③。

18. 甘利人、郑小芳、束乾倩构建了一套 IA 评价指标体系④⑤。

19. 杜佳、朱庆华应用 IA 评价网站的基本标准,包括定性和定量的评价方法,对南京大学网站 IA 做出了评价⑥。

20. 徐英考察了网站排行榜评价模式,分析了网站排行所依据的评价方法。目前的网站排行榜依据的评价模式有三种,即网站流量指标排名模式、专家评比模式和问卷调查模式。徐英分析了这三种评价模式各自的优缺点,并提出:鉴于上述各种网站评价模式都有一定的局限性,应该发展一种综合评价模式:集动态监测、市场调查、专家评估为一体的综合评价模式。这种评价模式需要有科学的分析评价方法,全面、公平、客观的评价体系,权威、公正的专家团体,也需要有科学、合理并有足够样本

---

① 邱燕燕.基于层次分析法的网络信息资源评价[J].情报科学,2001(6):599-602.
② 庞恩旭.基于模糊数学分析方法的网络信息资源评价研究[J].情报理论与实践,2003(6):552-555.
③ 陈文静,陈耀盛.网络信息资源评价研究述评[J].四川图书馆学报,2004(1):25-31.
④ 甘利人,郑小芳,束乾倩.我国四大数据库网站 IA 评价研究(一)[J].图书情报工作,2004(8):26-29.
⑤ 甘利人,郑小芳,束乾倩.我国四大数据库网站 IA 评价研究(二)[J].图书情报工作,2004(9):28-29.
⑥ 杜佳,朱庆华.信息构建在网站评价中的应用——以南京大学网站为例[J].情报资料工作,2004(6):13-16.

量的固定样本作为基础①。

21. 陆宝益认为,网络信息资源评价体系,应该既有定性指标,也有定量指标;既考虑到网络信息资源的外部特征,又考虑到其内部特征,即信息的内容属性。同时,这个指标体系还应该考虑到各项指标的适用对象或范围。在此基础上,他提出了一套比较完整的评价体系。在这个体系中,使用"调查求重"的方法求得每个指标的权重,利用"加权平均"的方法得出网络信息评价②。

22. 蓝曦,网络信息资源的类型及其评价。pdf 网络信息资源的评价:基于内容:权威性、可靠性、时效性;原创性;基于网络信息资源可获得性:用户界面友好性;响应时间;检索功能;导航系统;费用③。

(三)网络数据库评价研究现状

相对于国外文献较难获得,本文重点对国内的网络数据库评价研究做了深入调查,总结归纳如下:

1. 汪媛针对网络版全文数据库做出综合评价模型,确定的13个评价指标分别是:全文刊价值、摘要价值、馆际互借价值、检索功能、检索技术、检索结果、用户交互、更新频率、数据传递方式、免费试用期限、用户服务、存档、价格。具体如下表3-1④:

---

① 徐英. 网站排行榜评价模式及其评价方法研究[J]. 情报学报,2002,21(1):149-151.
② 陆宝益. 网络信息资源的评价[J]. 情报学报,2002(2):71-76.
③ 蓝曦. 网络信息资源的类型及其评价[J]. 现代情报,2003(9):73-74.
④ 汪媛,赖茂生. 网络版全文数据库综合评价模型的测试应用分析[J]. 情报科学,2005,23(7):1076-1084.

表 3-1 网络版全文数据库各评价指标相对于总目标的组合权重

第二层指标	第二层指标对上层指标的权重	第三层指标	第三层指标对上层指标的权重	组合权重 Pi
内容 B1	0.48516	全文刊的价值 C1	0.66507	0.32267
		摘要的价值 C2	0.23108	0.11211
		馆际互借的价值 C3	0.10385	0.05038
检索系统及功能 B2	0.15325	检索功能 C4	0.54768	0.08393
		检索技术 C5	0.25583	0.03921
		检索结果 C6	0.14483	0.02219
		用户交互 C7	0.05166	0.00792
数据库商服务 B3	0.08093	更新频率 C8	0.29303	0.02371
		数据传递方式 C9	0.41182	0.0333
		免费试用期限 C10	0.10796	0.00874
		用户服务 C11	0.18719	0.01515
存档 B4	0.05059			0.05059
价格 B5	0.23007			0.23007

2. 曾昭鸿从图书馆采购的角度构建的网络数据库评价体系，主要有内容、设计、检索系统和易用程度。具体分析如下：(1)内容。主要从网络数据库的准确性、实用性、创新性、独特性、权威性、稳定性、时效性和文字表达等方面评价网络数据库的价值。(2)设计。主要从信息资源的组织、用户界面、交互性和美感程度判断。(3)检索系统。主要包括检索性能、检索技术、检索结果等。(4)易用程度主要包括电脑环境需求、信息资源传播速度和链接情况[①]。

3. 罗春荣则针对数据库检索平台建立评估指标体系，内容包括：1.检索功能：检索功能直接影响信息检索的检全率、检准率、检索的灵活性、

---

① 曾昭鸿. 国外网络数据库的采购策略[J]. 情报理论与实践, 2004, 27(5): 521-522, 532.

方便性及检索速度,是评价与选择数据库检索平台的核心指标。(1)检索方式:检索方式单一还是多样;(2)检索字段:检索字段的设计是否具有多、广、专等特点;(3)检索技术:所使用的检索技术是否先进、多样;(4)检索限定:对所查信息是否有选择与限定的自由;(5)检索界面:检索界面功能键或工具条的设置是否清晰、明确、完备;界面的切换是否灵活;检索界面或检索步骤的设计是否简洁、紧凑。2. 检索结果处理:(1)是否提供检索提问修改功能,以进一步提高检全率或检准率;(2)检索结果的显示:检索结果的显示方式是否灵活、多样;(3)检索结果的输出:是否便捷、多样。3. 检索效率:(1)检全率;(2)检准率;(3)检索速度。4. 整合功能:即检索系统可否将多种资源和多种服务整合成一个互动、互连的有机整体。整合功能包括:(1)资源整合;(2)跨库检索;(3)超链接。5. 服务功能:网络数据库检索平台在检索功能之外,还可提供智能化、个性化服务。其服务功能可从以下几方面考量:(1)用户页面定制;(2)个性化服务;(3)人员培训;(4)其他服务。6. 管理功能:(1)使用管理;(2)用户管理;(3)统计报告;(4)数据更新与平台升级①。

4. 张丽园分析了国内高校图书馆常用的几个全文电子期刊数据库,该评价分析是从数据库所收录的期刊的学科分布、核心期刊数量、检索特性、JCR影响因子分析等几个方面进行②。

5. 甘利人等从信息构建角度作了我国四大数据库网站IA评价研究③④。

6. 卢恩资提出的网络数据库选择评价体系包括三个方面:(1)功能方面

---

① 罗春荣. 网络环境下数据库检索平台的评价与选择[J]. 图书馆理论与实践,2004(4):1-4.
② 张丽园. 5种全文电子期刊数据库的评价分析[J]. 图书情报工作,2003(2).
③ 甘利人,郑小芳,束乾倩. 我国四大数据库网站IA评价研究(一)[J]. 图书情报工作,2004(8):26-29.
④ 甘利人,郑小芳,束乾倩. 我国四大数据库网站IA评价研究(二)[J]. 图书情报工作,2004(9):28-29.

有五个指标,即输出选择、检索界面、检索选择、内容和本地化;(2)使用方面七个指标,具体为:卖方的支持情况、多次复印和使用的版权问题、对软硬件的性能要求、资源的格式、自身的技术支持能力、用户使用该数据库的知识需要、储存信息或相关支持附件对物理空间的需要;(3)价格方面[①]。

7. 甘利人、马彪、李岳蒙采用 ACSI(American Customer Satisfaction Index)模型来对数据库网站进行用户满意度测评[②]。各级指标权重的确定主要采用了层次分析法的基本思路,经计算后获得的权重值见表3-2。

表3-2 指标权重的确定

	准则层	权重	指标层	权重	下层指标	权重
顾客满意度指数	A 用户期望	0.133	A_1 预找到资料可能性	1		
	B 质量感知（包含服务质量和产品质量）	0.281	B_1 界面易用性	0.063		
			B_2 查询功能作用	0.328	方便性	0.4
					实用性	0.6
			B_3 查询帮助作用	0.053		
			B_4 相关性判断	0.032		
			B_5 付费方便性	0.111	付费方式页面寻找容易性	0.3
					付费方式的便利性	0.7
			B_6 全文传递方便性	0.170		
			B_7 查询总体准确度	0.243		
	C 价值感知	0.107	C_1 收费合理性	1		
	D 用户满意度	0.254	D_1 是否是最好的网站	0.4		
			D_2 查询结果总体满意度	0.6		

---

① 卢恩资. 构建高校图书馆网络信息资源体系新思考[J]. 重庆职业技术学院学报, 2004,13(3):156-157.
② 甘利人,马彪,李岳蒙. 我国四大数据库网站用户满意度评价研究[J]. 情报学报, 2004,23(5):524-530.

续表

顾客满意度指数	准则层	权重	指标层	权重	下层指标	权重
	E 用户抱怨度	0.093	E_1 用户抱怨（令人不满意的地方）	1		
	F 用户忠诚度	0.133	F_1 值得继续使用	1		

二、目前研究存在的不足

国内外专家学者在网络信息资源评价方面作了大量的尝试与研究工作，并取得了一定的成绩，但仍未形成一个公认的科学合理评价体系。现有的评价指标体系，或多或少都存在着不同程度的问题，迫切需要得以解决，从而建立一个科学合理的网络数据库评价指标体系。综合起来大致如下：

1. 指标体系不够全面、不够系统：不能全面反映网络数据库的内外特征，无法针对网络数据库做出全面、系统、科学的评价。许多指标体系是从某一个角度建立起来的，在完整性上有所缺失，在建立网络数据库指标体系时，应充分考虑到从多角度建立评价指标。

2. 指标设计不够科学合理，定义不够明确清晰，导致评价偏差存在。

3. 部分指标的可获取性差，不易量化处理，只能从定性角度进行评价。

4. 指标权重获取比较主观，权威性不够，不易测算。

5. 实证研究结果大多局限于统计处理，深层次挖掘较少。

第四章 网络数据库评价指标体系的构建

一、网络数据库评价方法的确定

首先要选择适当的评价指标,初步构建出评价指标体系。构建评价指标体系的过程中,关键要明确评价的基本要素,这些基本要素要能够反映网络数据库的基本特征,并且能够量化表达。由于网络数据库本身的影响因素较多,各因素之间也存在较为复杂的关系,若对所有影响因素进行调查和评价,在实际工作中会有很大难度,而且从本文评价目的来看也没有必要,因此本文从以下几个方面来完成网络数据库评价指标的选择和评价指标体系的构建。

(一)网络数据库评价指标体系应当具备的基本功能

1. 描述功能:评价指标体系应该能够从收录文献内容、数据库功能和用户使用情况等全方位描述网络数据库建设现状;

2. 评价功能:评价功能是评价指标体系最基本的功能,不仅能够对一个网络数据库做出整体上的描述,而且能够对每个结构层做出比较评价,进而构成一个科学全面的总体评价;

3. 指导功能:评价指标体系的指导功能主要体现在对网络数据库未

来发展方向的引导上，能够反映网络数据库建设的未来发展趋势，指标选择上应该符合网络数据库发展策略。利用评价指标体系对网络数据库进行评价，可以比较出各层次的优劣，有利于改进和完善网络数据库的建设。

（二）建立网络数据库评价指标体系遵循的原则

建立网络数据库评价指标体系，除了评价指标体系普遍遵循的原则，还需要考虑网络数据库自身的特殊性，综合起来大致如下：

1. 全面性与共性相结合：在建立网络数据库指标体系时，首先要考虑这些指标是否全面，能否完整地反映网络数据库的各种内容、功能和特点，即强调对资源的整体评估。同时，也要考虑这些指标的共性，个别网络数据库因特殊需要设立而其他网络数据库根本不需要设立的内容和功能不属于共性指标，不能列入指标体系中。

2. 定性与定量分析相结合：将反映网络数据库基本特点的定性指标进行定量化、规范化处理，既可以使评价具有客观性，便于数学模型的处理，又可以弥补单纯定量或者定性评价方法上的不足，避免数据本身可能存在的缺陷。

3. 系统性与层次性相结合：指标体系的组成应是一个多层次结构，能反映出网络数据库各方面的特征，同时要能反映出各要素间的相互联系。指标的选择应从整体上把握评价目标的协调程度，以保证评价的全面性和可信度。

4. 动态性与静态性相结合：评价网络数据库指标既是目标又是过程，因此，评价指标应反映出评价目标的动态性特点。各指标对时间和空间的变化具有一定敏感度，但在一定时期内，指标体系应保持相对稳定性。

5. 可比性与可操作性相结合：评价的基础和目的就是相互比较，因此设置评价指标要尽量保证横向及纵向的可比性。指标获取应尽可能客观便利,计算方法应尽量简单科学。

6. 不相容性:每个指标都要有明确的含义和目标导向,避免出现模糊含义的指标,同时指标选择与层次划分要符合逻辑思维。即指标的概念要明确,明确规定所有统计界限、所有指标的实质含义和指标的计量单位;数据要准确,应考虑有利于取得准确数据。

7. 多角度性:许多指标体系是从某一个角度建立起来的,但我们发现,从单一角度建立的指标体系固然有一定的合理性,能够比较单纯地反映某一方面的内容,但是在完整性上有所缺失,因此,本文在建立网络数据库指标体系时,充分考虑到多角度性,从多个方面建立多个评价指标。

8. 实用性:建立的指标体系是否实用可行,是不容忽视的问题。一般说目标分解越细,评估也越精确;但条目过细过繁,不仅给评价的实施带来困难,而且容易出现主次难分,评价重点被弱化的问题,影响评价工作的执行效率和质量。

9. 侧重收录资源内容及用户使用功能:网络数据库建立的目的,就是为网络用户提供有价值的信息资源。因此,指标选取侧重于收录信息资源状况及如何获取收录的信息资源。

(三)建立网络数据库评价指标体系的方法

一个合理科学的评价指标体系需要考虑到相关领域,融合相关领域专家的意见和建议。同时,为了尽可能地减少人为因素的干扰,各项指标的权重需要科学的、逻辑的、精确的计算。在这两个前提和要求下,本课题最终确定了采用网上特尔菲法与指数标度改造的层次分析法相结合来确定网络数据库的评价指标体系。

1. 网上特尔菲法

特尔菲法的名称来源于古希腊神话。特尔菲(Delphi)是古希腊传说中的一个地名。当地有一座阿波罗神殿,是众神聚会占卜未来的地方。人们把特尔菲看作是能够预卜未来的神谕之地,特尔菲法由此得名。特尔菲法的含义就是通过卓越人物来洞察和预见未来。作为一种专家调查法,特尔菲法是在专家个人判断法和专家会议调查法的基础上发展起来的一种直观判断和预测方法。

特尔菲法最早出现在20世纪50年代末期,用于军事战略决策。1964年,美国兰德公司赫尔默(Helmer)和戈登(Gordon)首次将特尔菲法应用于科技预测,此后,特尔菲法迅速在美国和许多其他国家广泛应用。特尔菲法除了用于科技预测外,还广泛用于政策制定、经营预测、方案评估等方面。发展到现在,特尔菲法在信息分析研究中,特别是在预测中占有重要的地位。据1975年联合国教育研究所对几种主要的预测方法的使用情况所做的调查中,专家预测法(以特尔菲法为主)的使用率占被使用预测方法总数的24.2%。

特尔菲法有如下三个主要特点:

(1)匿名性:特尔菲法不像专家会议调查法那样把专家集中起来发表意见,而是采取匿名的发函调查的形式。受邀专家之间互不见面,亦不联系,它克服了专家会议调查法易受权威影响,易受会议潮流、气氛影响和其他心理影响的缺点。专家们可以不受任何干扰独立地对调查表所提问题发表自己的意见,不必做出解释,甚至不必申述理由,而且有充分的时间思考和进行调查研究、查阅资料。匿名性保证了专家意见的充分性和可靠性。

(2)反馈性:由于特尔菲法采用匿名形式,专家之间互不接触,受邀各专家都分别独立地就调查表所提问题发表自己的意见,仅靠一轮调查,专家意见往往比较分散,不易做出结论,而且各专家的意见也容易有某种局限性。为了使受邀的专家们能够了解每一轮咨询的汇总情况和其他专家的意见,组织者要对每一轮咨询的结果进行整理、分析、综合,并在下一轮咨询中匿名反馈给每个受邀专家,以便专家们根据新的调查表进一步的发表意见。经典的特尔菲法一般要经过四轮咨询。反馈是特尔菲法的核心。在每一轮反馈中,每个专家都可以参考别人的意见,冷静地分析其是否有道理,并在没有任何压力的情况下进一步发表自己的意见。多次反馈保证了专家意见的充分性和最终结论的正确性、可靠性。

(3)统计性:在应用特尔菲法进行信息分析研究时,对研究课题的评价或预测(例如,对研究对象的各项指标及其相对重要性的评价,或是对研究对象的实现时间、条件和手段的估计,等等)不是由信息分析研究人员做出的,也不是由个别专家给出的,而是由一批有关的专家给出的。由此,对诸多专家的回答必须进行统计学处理。所以,应用特尔菲法所得的结果带有统计学的特征,往往以概率的形式出现,它既反映了专家意见的集中程度,又可反映专家意见的离散程度。

为了便于对应答专家意见的统计处理,对调查表的设计中多采用表格化、符号化、数字化。特尔菲法的统计性特点有利于将一般定性问题用定量化方法处理,并以定量结果表述①。

本文在实施特尔菲法的过程中,充分运用了计算机网络时代特点,建立了专门网站(http://irm.nju.edu.cn/question),用于发布专家调查表,为专家分配了账号密码,直接在网上填写调查表,并能在线动态显示相关统计数字,具有以下优点:

(1)经典的特尔菲法应该包括四轮调查,本文由于事先已做了大量分析及调研,并将调研成果体现到第一轮调查表中,因而实际采用的是减轮特尔菲法,将专家调查缩短为三轮。

(2)采用电子文档形式,将设计好的调查表直接做成网页,免去了数百份调查表的打印、邮寄分发和回收,大大节约了时间和成本。特尔菲法中比较耗时的环节就是调查表的分发和回收,加之专家有时不能准时寄回反馈内容,调查周期就会被不断拉长。采用网上调查,直接以电子邮件的形式告知专家调查表网址、用户名、密码和填写要求,专家随时可以填写。

---

① 朱庆华. 信息分析:基础、方法及应用[M]. 北京:科学出版社,2004.74–76.

(3)在网站设计中也考虑到调查的内容比较多,个别专家可能无法一次填完,设计网页时,把专家每次填写的内容进行暂存,以备下次接着填写,直到全部完成之后,点击"完成"按钮确认提交即可。

(4)采用网上调查,可以实现后台管理,专家在前台打分,后台可以在线显示专家的打分情况,专家填写过程中出现任何问题都可以及时发现、纠正、解决。

(5)数据统计处理快捷方便:采用网上填写调查表,可以在后台自动运行程序,实现对调查结果的统计处理,自动反馈发布统计结果,节省了时间和人力,最大限度地提高了调查效率。

特尔菲法是以定性为主要方法的一个代表,其进行预测的基本特征是属于直观性预测,这既是优点又是其弱点,因为直观的判断难免不严密,往往缺少严格的推理论证,受人的主观因素波动影响也较大。因此在确定各项指标的权重时,我们通过特尔菲法得出数据,对其进行处理、计算,最终运用层次分析法得出各项指标权重,并通过一致性检验。

2. 层次分析法

层次分析法(Analytic Hierarchy Process,简称 AHP 法)是美国著名运筹学家萨蒂(Thomas L. Saaty)在 20 世纪 70 年代提出的一种定性与定量完美结合的半定量方法。于 1982 年传入我国,由于 AHP 在解决多目标决策问题方面具有比其他方法简便实用的特点,因而被广泛采用。特别适合处理社会经济系统中难以完全定量的复杂问题。

AHP 的基本思路是:首先找出解决问题涉及的主要因素,将这些因素按其关联、隶属关系构成递阶层次模型,通过对各层次中各因素的两两比较的方式确定诸因素的相对重要性,然后进行综合判断,确定评价对象相对重要性的总排序。

AHP 的基本步骤:(1)将问题概念化,找出研究对象所涉及的主要因素;(2)分析各因素的关联、隶属关系,构造系统的递阶层次结构;(3)对同一层次的各个因素关于上一层次中某一准则的重要性进行两两比较,构造判断矩阵;(4)由判断矩阵计算被比较因素对上一层次该准则的相对权重,并进行一致性检验;(5)计算各层次因素相对于最高层次,即系统目标的组合权重,进行层次总排序,并进行一致性检验①。

3. 标度系统

标度是将人们的定性分析转化为定量分析的桥梁,使用层次分析法关键的第一步,就是如何选择合适的标度系统来构造因素之间的判断矩阵。因为标度系统决定了判断矩阵的量化数值,不同的标度系统所构造的判断矩阵一致性不同,标度系统本身的优劣直接影响着判断矩阵构造,影响到权重计算及排序的结果。标度系统选择得不合理,将直接导致最终决策的失败。

传统层次分析法运用1—9的比例标度来建立判断矩阵,存在着较大主观性的缺点。广西大学吕跃进教授做了许多该方面的研究,从标度运算封闭性、构造一致判断矩阵的能力、标度值与重要性程度等级的对应方式和排序方法的协调、重要性量化、思维判断一致性与矩阵一致性关系等各个方面来考察标度系统(包括1—9标度、$\sqrt{3}$标度、9/9—9/1标度、指数标度等),得出的结论是:指数标度系统具有良好数学结构,是唯一满足全部指标要求、与实际排序相符的优秀标度[2][3][4]。因此,本次研究在层次分析法应用中,舍弃了1－9标度系统,采用更科学合理的指数标度系统 a^n($n=0$—8,$a=1.316$)来建立判断矩阵。

---

[1] 朱庆华. 信息分析:基础、方法及应用[M]. 北京:科学出版社,2004. 206－207.
[2] 吕跃进,张维. 指数标度在AHP标度系统中的重要作用[J]. 系统工程学报,2003,18(5):452－456.
[3] 吕跃进,张维,曾雪兰. 指数标度与1－9标度互不相容及其比较研究[J]. 工程数学学报,2003,20(8):77－81.
[4] 吕跃进. 层次分析法标度系统评价研究[M]//决策科学理论与方法. 北京:海洋出版社,2001.

二、网络数据库评价指标体系的确定

首先确定初步的评价指标体系和专家名单,然后采用特尔菲法,根据专家评分来确定各项指标及其相对重要性,运用层次分析法构建判断矩阵,计算各项指标权重,对结果进行一致性检验,保证指标权重的科学性和准确性。

(一)初定网络数据库评价指标

在对大量中外文献调研的基础上,参考了现有的网络数据库评价指标体系,经过课题组成员的反复讨论和修订,初步确定本次研究的网络数据库评价指标体系。这个指标体系包含收录范围、检索功能、服务功能共3个一级指标和11个二级指标。收录范围包括的二级指标有:年度跨度、更新频率、来源文献数量,是评价网络数据库内容的最基本的指标。检索功能是使用网络数据库的核心,设有二级指标:检索方式、检索入口、检索效率、检索界面以及检索结果处理。服务功能包括除检索功能以外,能提供给用户的其他功能,含二级指标为:资源整合、个性化服务、咨询服务。初步的网络数据库评价指标体系见表4-1

表4-1 初步确定的网络数据库评价指标体系

一级指标	二级指标	二级指标说明
收录范围	年度跨度	数据库中收录文献的年度范围。
	更新频率	更新的周期,周期越短,频率越快。
	来源文献数量	收录文献总数量。

续表

一级指标	二级指标	二级指标说明
检索功能	检索方式	是否可以进行布尔检索、组配检索、截词检索、二次检索等方式。
	检索入口	是否可以从著者、著者单位、出版时间、文献类型、文献语种、文献篇名、出版物名称、文摘、主题词/关键词、分类号、ISSN/ISBN、材料识别号等角度检索。
	结果处理	是否可以调整显示方式以及输出方式。
	检索效率	是指检全率、检准率、响应时间、检索速度等方面。
	检索界面	界面设计是否友好、是否易用。
服务功能	资源整合	是指能否进行跨库检索、一站式检索。
	个性化服务	如用户界面定制、创建个人账户、邮件定题服务、个人期刊列表、文献传递服务等。
	咨询服务	如是否可以提供在线帮助等。

初步网络数据库评价指标的形成,充分考虑了网络数据库这种独特网络信息资源自身的特点,涉及网络数据库建设和利用的各个方面。以此作为网上特尔菲法第一轮问卷调查表的主体,可以引导专家顺利完成问卷调查,避免了专家无从下手,汇总后指标过于杂乱,不易归纳的缺点,并有效降低了专家填表难度。

(二)确定专家调查名单

1. 专家人数的确定:特尔菲法选择专家的人数一般的要求是 10 - 20 人,但涉及重大问题可以扩大,既可以起到集思广益的作用,又比较利于组织。本次研究因为涉及评价类型较多,因此共选择了 31 位专家进行调查,其中 28 位做了有效应答,符合特尔菲的人数要求。

2. 专家自身素质及知识结构要求:特尔菲法中的专家是指对完成所要调查的问题具有充分知识和经验的人,应具有一定的学术影响,同时具有应答的时间和责任感。特尔菲法是一种集体咨询,所以选择的专家应具有一定的代表性。在知识结构上，不仅要选择技术专家，而且应该选择管理专家；不仅选择研究人员，还要有实际工作者。所以，本次研究按照本领域专家、相关领域专家、管理专家各占一定比例，具有副教授以上职称，并在核心期刊上发表过相关文章，兼顾考虑了专家所在机构进行筛选，最后确定出专家名单。具体参与本次调查的专家名单见表4-2，专家所在机构类型及人数分布见表4-3，专家性质及人数分布见表4-4：

表4-2　专家名单

序号	登录名	姓名	单位	专家性质
1	dxz	邓小昭	西南师范大学计算机与信息科学学院	专门专家
2	fbs	范并思	华东师范大学信息学系	相关专家
3	glr	甘利人	南京理工大学信息管理系	专门专家
4	hcz	黄长著	社会科学院文献信息中心原主任	管理专家
5	hgw	胡广伟	东南大学经济管理学院	专门专家
6	hwn	华薇娜	南京大学信息管理系	相关专家
7	hxq	何晓青	南京大学图书馆咨询部主任	管理专家
8	lby	陆宝益	淮阴师范学院图书馆	专门专家
9	lc	罗程	江苏省信息中心信息资源规划处处长	管理专家
10	lhc	刘焕成	郑州大学图书馆副馆长	管理专家
11	lzp	梁战平	中国科技信息研究所原所长	管理专家
12	mfc	马费成	武汉大学信息管理学院	专门专家
13	mhq	马海群	黑龙江大学信息管理学院	相关专家
14	sjj	孙建军	南京大学信息管理系	专门专家
15	syz	沙勇忠	兰州大学信息管理系	专门专家
16	weh	王恩海	中国互联网络信息中心部门主任	管理专家
17	wgc	王国成	中国电子信息产业发展研究院信息化研究中心	管理专家

续表

序号	登录名	姓名	单位	专家性质
18	wwj	王伟军	华中师范大学信息管理系	相关专家
19	wxc	王新才	武汉大学信息管理学院	相关专家
20	wyf	王曰芬	南京理工大学信息管理系	相关专家
21	xyq	谢阳群	安徽大学管理学院	相关专家
22	yjy	叶继元	南京大学信息管理系	相关专家
23	yjz	杨坚争	上海理工大学电子商务研究所	相关专家
24	yk	余鲲	信息产业部信息化推进司处长	管理专家
25	yy	袁毅	中国矿业大学文学院	专门专家
26	zwj	仲伟俊	东南大学经济管理学院	专门专家
27	zxj	查先进	武汉大学信息管理学院	相关专家
28	zxy	周晓英	中国人民大学信息资源管理学院	专门专家

表4-3　专家所在机构类型及人数分布

机构类别	人数
大学院系所	19
大学图书馆	3
政府部门	6
总数	28

表4-4　专家性质及人数分布

专家性质	人数
相关专家	10
专门专家	10
管理专家	8
总数	28

(三)采用特尔菲法确定网络数据库各级指标

1. 调查表的设计

第一轮调查表(见附录1):以初步确定的网络数据库指标体系为主体内容,包括:课题调查表说明、各级指标名称及说明、相对重要性评分部分,以及预留给专家提建议及情况说明的页面。指标相对重要性评分,采用5分制,分数从高到低表示重要性依次递减(5-非常重要,4-比较重要,3-一般重要,2-比较不重要,1-不重要)

第二轮调查表(见附录2):以第一轮调查表内容格式为基础,汇总第一轮调查评分情况及专家建议,研究分析后对评价指标体系进行了修订,增设2个一级指标(收费情况、网络安全)。另外在一级指标"收录范围"下增设3个二级指标(来源文献质量、来源文献的全面性、特色收藏);一级指标"服务功能"下删去1个二级指标(咨询服务),增设5个二级指标(交互功能、全文提供服务、链接功能、离线配套服务、检索结果分析)。对第一轮调查的专家评分情况进行统计,计算出选评某分值的专家人数所占百分比,直接反馈到第二轮调查表中,供专家在第二轮调查评分过程中做参考。修订内容在网页上采用红色标记出来,提醒专家关注。

第三轮调查表(见附录3):以第二轮调查表为基础,汇总第二轮调查评分情况及专家建议,经研究分析后对评价指标体系做了进一步修订。一级指标"收费情况"下增设2个二级指标(收费方式、价格高低);一级指标"网络安全"下增设2个二级指标(系统安全、用户信息安全)。统计第二轮调查中专家评分情况,并反馈到第三轮调查表里,供专家在第三轮评分时参考。修订内容同样在网页上采用了红色标记。

2. 问卷调查结果

本次特尔菲法专家调查共分三轮进行。在第三轮调查结束后,将回收的调查表进行汇总整理,统计分析与预测,并寻求收敛程度较高的专家意见。这三轮是一个螺旋上升的过程,每循环和反馈一次,专家都吸收了新的信息,并对预测问题有了更深刻,更全面的认识,预测结果的精确性也逐轮提高。第一轮调查问卷回收后,统计和分析众多专家的打分结果及建议,并且据此对第二轮调查问卷进行了修订,包括增设2个一级指标和若干二级指标的增加;第二轮调查问卷回收后,按照类似的步骤进行处理,在第三轮调查问卷中增设了4个二级指标。经过上述三轮调查后,专家的意见趋于稳定。第三轮网络数据库评价指标体系调查结果(见附录4)

根据第三轮的调查结果,可以确定网络数据库评价的各级指标,包括5个一级指标和22个二级指标(见表4-5)

表4-5 网络数据库评价指标

一级指标	二级指标	指标说明
收录范围	年度跨度	数据库中收录文献的年度范围。
	更新频率	更新的周期,周期越短,频率越快。
	来源文献数量	收录文献的数量多少。
	来源文献质量	收录文献的质量高低。
	来源文献的全面性	收录本领域内文献的完备程度。
	特色收藏	同类数据库中,收录文献的收藏特色。
检索功能	检索方式	是否可以进行布尔检索、组配检索、截词检索、二次检索等方式。
	检索入口	是否可以从著者、著者单位、出版时间、文献类型、文献语种、文献篇名、出版物名称、文摘、主题词/关键词、分类号、ISSN/ISBN、材料识别号等角度检索。
	结果处理	是否可以调整显示方式以及输出方式。
	检索效率	是指检全率、检准率、响应时间、检索速度等方面。
	检索界面	界面设计是否友好、是否易用。

续表

一级指标	二级指标	指标说明
服务功能	资源整合	是指能否进行跨库检索、一站式检索。
	个性化服务	如用户界面定制、创建个人账户、邮件定题服务、个人期刊列表等。
	交互功能	如是否可以提供在线帮助、咨询,及定期咨询用户意见等。
	全文提供服务	能否提供全文及提供的方式,及是否提供不同格式的下载。
	链接功能	如是否可以在检索结果中提供链接指向,如全文、引文、相关文献、其他数据库、网页等。
	离线配套服务	如是否提供给用户在离线状态下的相关配套服务。
	检索结果分析	是否对检索结果进行粗略的统计分析。
收费情况	收费方式	是指收费的渠道及其便利性。
	价格高低	
网络安全	系统安全	是否具有数据备份机制、防火墙、防病毒软件等。
	用户信息安全	包括身份认证、用户权限设置与控制,以及个人信息的保密性等。

3. 调查结果的可信度

运用特尔菲专家调查法得出结论的可信程度,可以通过专家参与程度来表征。专家参与程度可以用参与的专家人数、应答率和积极系数三个指标来说明:

(1)专家人数:根据特尔菲法的大量实践经验,参加的专家人数接近或者大于15人时,专家人数的变化对预测精度影响不大。所以在用特尔菲法作预测时,一般以15人作为考虑的转折点。本次专家调查人数为31人,有效调查28人,大于15人,满足对预测精度的要求。因此从专家人数这一方面来看,本次特尔菲法调查具有较高可信度。

(2)应答率:调查问卷发出后,往往只能回收一部分,因此有必要引入"应答率"来衡量调查的科学性,应答率过低的预测结果不可靠。应答

率的计算公式,见式4.1

$$应答率 = 回收份数/问卷总份数 \qquad (4.1)$$

本次专家调查的问卷总份数为31,有效回收份数为28。由式4.1可得:

$$应答率 = 28 \div 31 \times 100\% = 90.32\%$$

从应答率指标来衡量,本次调查的预测结果可信度是较高的。

(3)积极系数:设 M_j 是对第 j 个方案应答的专家人数,M 是全部专家的人数,则有积极系数为 M_j/M。本次调查中,31位专家中的28位专家对所有的问题都做了应答,因此积极系数与应答率相同,也为90.32%。

综上所述,通过对专家人数、应答率和积极系数多项可靠性指标的计算,可以看出本次调查的结果具有较高的可信度,从而保证通过调查确定的网络数据库评价指标体系具有较高的可靠性和科学性。

(四)运用层次分析法计算各级指标权重

1. 计算满分频度

满分频度是指对某指标给满分的专家数与对该指标做出评价的专家总数之比。计算公式见式4.2

$$K_j = \frac{m'_j}{m_j} \qquad (4.2)$$

其中 K_j 为 j 指标的满分频率,m'_j 为对 j 指标给满分的专家数;m_j 为参加 j 指标评价的专家数。我们采用每项指标的满分频率 K_j 来表征其相对重要程度,K_j 的值为 0~1,其值越大,表明对 j 指标给满分的专家人数相对越多,即该指标相对重要性越大。

根据第三轮网络数据库评价指标体系调查结果(见附录4),可得到网络数据库各级指标的满分频度,见表4-6

表4-6 网络数据库各级指标的满分频率

一级指标	一级指标满分频率	二级指标	二级指标满分频率
B1:收录范围	96.43%	C11:年度跨度	96.43%
		C12:更新频率	92.86%
		C13:来源文献数量	92.86%
		C14:来源文献质量	96.43%
		C15:来源文献的全面性	85.71%
		C16:特色收藏	25.00%
B2:检索功能	96.43%	C21:检索方式	96.43%
		C22:检索入口	100.00%
		C23:结果处理	10.71%
		C24:检索效率	100.00%
		C25:检索界面	50.00%
B3:服务功能	89.29%	C31:资源整合	92.86%
		C32:个性化服务	50.00%
		C33:交互功能	14.29%
		C34:全文提供服务	92.86%
		C35:链接功能	75.00%
		C36:离线配套服务	7.14%
		C37:检索结果分析	14.29%
B4:收费情况	10.71%	C41:收费方式	21.43%
		C42:价格高低	25.00%
B5:网络安全	42.86%	C51:系统安全	53.57%
		C52:用户信息安全	42.86%

2. 建立判断矩阵

首先,将同层指标的满分频度进行两两比较,得到判断矩阵。本文采用的是"等差分级,等比赋值"的指数标度系统来确定判断矩阵。指数标度系统的计算公式见式4.3所示。

$$a^n, a = 1.316, n = 0\cdots\cdots 8. \tag{4.3}$$

在指数标度法应用中,将 1 - 9 标度转化为指数标度固然可行,但仍然涉及要给分,还是存在主观成分,为了在权重确定上完全使用客观数值,n 值的得出,也采用了一种"绝对标度法"来计算,即:

对于各一级指标或同级指标下任意两个指标 i 和 j,若指标 i 的满分频度为 x,指标 j 的满分频度为 y,则指标 i 相对于指标 j 的优劣程度为:

$$a_{ij} = a^{(x-y)/(100/8)} = a^{(x-y)/12.5} \tag{4.4}$$

下面以"检索功能/服务功能"这两个一级指标的相对重要性计算为例,具体说明判断矩阵的确定过程:

(1)满分频度总量定为 100,分为 8 个等分,每一个等分为 100/8 = 12.5,即以 12.5 作为绝对比较标度,且有 $a = 1.316$,则指标 i 相对于指标 j 的相对重要程度为:

$$a_{ij} = 1.316^{(x-y)/12.5} \tag{4.5}$$

(2)然后根据表 4 - 6 可知:检索功能的满分频度为 96.43%,服务功能的满分频度为 89.29%,代入式 4.5 可得:

$a_{23} = 1.316^{(96.43 - 89.29)/12.5} = 1.316^{(96.43 - 89.29)/12.5} = 1.316^{0.5712} = 1.1698198$

上述过程,可用 JAVA 编写的"程序一"来执行计算,程序代码详见附录 5

根据表 4 - 6 中 5 个一级指标的满分频度,执行"程序一",可分别得到两两比较的相对重要程度,由此构建一级指标的判断矩阵如下表 4 - 7:

表 4 - 7　网络数据库一级评价指标的判断矩阵

	B1	B2	B3	B4	B5
B1	1.0	1.0	1.1698198	6.57369	3.2440166
B2	1.0	1.0	1.1698198	6.57369	3.2440166
B3	0.8548325	0.8548325	1.0	5.619404	2.7730908

续表

	B1	B2	B3	B4	B5
B4	0.15212156	0.15212156	0.17795482	1.0	0.49348485
B5	0.30825981	0.30825981	0.36060846	2.0264046	1.0

注：B1，B2，B3，B4，B5分别为收录范围、检索功能、服务功能、收费情况、网络安全五个一级指标。

同样，根据表4－6中各一级指标层内二级指标的满分频度，运行"程序一"，可得到各自对应的判断矩阵，如下表4－8～表4－12：

表4－8 "收录范围"下的二级指标判断矩阵

	C11	C12	C13	C14	C15	C16
C11	1.0	1.0815821	1.0815821	1.0	1.2655342	4.8025937
C12	0.9245715	1.0	1.0	0.9245715	1.1700768	4.4403415
C13	0.9245715	1.0	1.0	0.9245715	1.1700768	4.4403415
C14	1.0	1.0815821	1.0815821	1.0	1.2655342	4.8025937
C15	0.79018015	0.8546447	0.8546447	0.79018015	1.0	3.7949147
C16	0.20822082	0.22520791	0.22520791	0.20822082	0.26351053	1.0

注：C11～C16分别为年度跨度、更新频率、来源文献数量、来源文献质量、来源文献的全面性、特色收藏

表4－9 "检索功能"下的二级指标判断矩阵

	C21	C22	C23	C24	C25
C21	1.0	0.9245715	6.57369	0.9245715	2.7730908
C22	1.0815821	1.0	7.1099844	1.0	2.9993253
C23	0.15212156	0.14064729	1.0	0.14064729	0.4218469
C24	1.0815821	1.0	7.1099844	1.0	2.9993253
C25	0.36060846	0.33340833	2.3705282	0.33340833	1.0

注：C21～C25分别为检索方式、检索入口、结果处理、检索效率、检索界面

表4-10 "服务功能"下的二级指标判断矩阵

	C31	C32	C33	C34	C35	C36	C37
C31	1.0	2.5639207	5.6181693	1.0	1.4804468	6.57369	5.6181693
C32	0.39002767	1.0	2.1912413	0.39002767	0.5774152	2.5639207	2.1912413
C33	0.17799392	0.45636234	1.0	0.17799392	0.26351053	1.1700768	1.0
C34	1.0	2.5639207	5.6181693	1.0	1.4804468	6.57369	5.6181693
C35	0.6754717	1.731856	3.7949147	0.6754717	1.0	4.4403415	3.7949147
C36	0.15212156	0.39002767	0.8546447	0.15212156	0.22520791	1.0	0.8546447
C37	0.17799392	0.45636234	1.0	0.17799392	0.26351053	1.1700768	1.0

注:C31~C37分别为资源整合、个性化服务、交互功能、全文提供服务、链接功能、离线配套服务、检索结果分析

表4-11 "收费情况"下的二级指标判断矩阵

	C41	C42
C41	1.0	0.9245715
C42	1.0815821	1.0

注:C41为收费方式,C42为价格高低

表4-12 "网络安全"下的二级指标判断矩阵

	C51	C52
C51	1.0	1.265256
C52	0.79035383	1.0

注:C51为系统安全,C52为用户信息安全

3. 计算权重和一致性校验

判断矩阵得到后,即可对判断矩阵的最大特征根对应的特征向量进行计算,对应的特征向量即用层次分析法计算的指标权重。在计算判断矩阵最大特征根时,本文采用了方根法。

(1)第一步,计算判断矩阵每一行元素的乘积 W_i,

$$W_i = \prod_{j=1}^{m} u_{ij},(i,j = 1,2,\cdots m)$$

(2) 第二步,计算 W_i 的 n 次方根 $\overline{W_i} = \sqrt[m]{W_i}$。

(3) 第三步,对向量 $\overline{W} = (\overline{W_1}, \overline{W_2}, \cdots \overline{W_n})^T$ 作归一化或正规化处理,即

$$a_i = \frac{\overline{W_i}}{\sum_{j=1}^{m} \overline{W_j}}$$

则,$A = (a_1, a_2, \cdots, a_m)^T$ 即为所求特征向量,即指标的权重向量。

(4) 第四步,计算判断矩阵的最大特征根 λ_{max}

$$\lambda_{max} = \sum_{i=1}^{m} \frac{(TA)_i}{ma_i}$$

式中,TA_i 表示向量 TA 的第 i 个元素。

$$TA = \begin{bmatrix} (TA)_1 \\ (TA)_2 \\ \vdots \\ (TA)_m \end{bmatrix} = \begin{bmatrix} u_{11} & u_{12} & \cdots & u_{1m} \\ u_{21} & u_{22} & \cdots & u_{2m} \\ \vdots & \vdots & \vdots & \vdots \\ u_{m1} & u_{m2} & \cdots & u_{mm} \end{bmatrix} \cdot \begin{bmatrix} a_1 \\ a_2 \\ \vdots \\ a_m \end{bmatrix}$$

(5) 第五步,一致性检验

由于客观事物的复杂性或对事物认识的片面性,通过所构造的判断矩阵求出的特征向量(权值)是否合理,需要对判断矩阵进行一致性和随机性检验,检验公式为:

$$CR = CI / RI$$

式中,CR 为判断矩阵的随机一致性比率;CI 为判断矩阵一致性指标;它由下式计算:

$$CI = \frac{1}{m-1}(\lambda_{max} - m)$$

其中,λ_{max} 为最大特征根;m 为判断矩阵阶数;RI 为判断矩阵的平均随机一致性指标(参见表4-13 平均随机一致性指标值对照表)。

当 $CR < 0.1$ 时,即认为判断矩阵具有满意的一致性,说明权数分配是合理的;否则,就需要调整判断矩阵,直到取得满意的一致性为止。

表 4-13 平均随机一致性指标值对照表（M 为阶数）

M	1	2	3	4	5	6	7	8	9	10	11
RI	0.00	0.00	0.58	0.90	1.12	1.24	1.32	1.41	1.45	1.49	1.51

以一级指标为例，说明权重的计算过程如下：

(1) 第一步，计算判断矩阵（见表 4-7）每一行元素的乘积 W_i，可得：

$W_1 = 24.9465938$

$W_2 = 24.9465938$

$W_3 = 11.38718554$

$W_4 = 0.002032194$

$W_5 = 0.069437789$

(2) 第二步，依据式 4.6 计算 M_i 的 n 次方根 $\overline{W_i}$，此处 $n=5$：

$$\overline{W_i} = \sqrt[n]{M_i} \tag{4.6}$$

$\overline{W_1} = 1.902839907$

$\overline{W_2} = 1.902839907$

$\overline{W_3} = 1.626609406$

$\overline{W_4} = 0.289462983$

$\overline{W_5} = 0.586569094$

(3) 第三步，依据式 4.7 对向量 $\overline{W} = (\overline{W_1}, \overline{W_2}, \cdots \overline{W_n})$ 归一化，即：

$$W_i = \frac{\overline{W_i}}{\sum_{k=1}^{n} \overline{W_k}} \tag{4.7}$$

则 $W = (W_1, W_2, \ldots, W_n)^T$ 即为所求的特征向量。

$\sum_{i=1}^{n} \overline{w_i} = 6.308321297$

$W_1 = 0.30163965$

$W_2 = 0.30163965$

$W_3 = 0.2578514$

$W_4 = 0.045885894$

$W_5 = 0.092983395$

至此,得出一级指标的权重,见表4-14

表4-14 网络数据库一级评价指标权重表

一级指标	权重
收录范围	0.30163965
检索功能	0.30163965
服务功能	0.2578514
收费情况	0.045885894
网络安全	0.092983395

(4)第四步,根据式4.8计算判断矩阵的最大特征根

$$\lambda_{max} = \sum_{i=1}^{n} \frac{(AW)_i}{nW_i} \quad (4.8)$$

式中,$(AW)_i$表示向量(AW)的第i个分量。

通过计算得出网络数据库一级评价指标的最大特征根$\lambda_{max}=5$,$CR=0$,具有很好的一致性。通过计算一致性比率可以得出结论:上文建立的判断矩阵具有满意的一致性,因此得出的权重是合理和科学的。

上述计算过程,本文也专门编写了"程序二"来执行处理(程序代码详见附录6)。在对二级指标的判断矩阵、权重、最大特征根及一致性检验计算过程中可以直接使用。

根据前一节建立的判断矩阵(表4-8~表4-12),运行"程序二"可得相应的各层内二级指标权重、最大特征根和随机一致性比率,如下表4-15~表4-19:

表4-15 "收录范围"下的二级指标权重

年度跨度	更新频率	来源文献数量	来源文献质量	来源全面性	特色收藏
0.20629004	0.19072989	0.19072989	0.20629004	0.16300629	0.04295388

最大特征根:l＝5.9999995;随机一致性比率:CR＝－7.690922E－8

表4－16 "检索功能"下的二级指标权重

检索方式	检索入口	结果处理	检索效率	检索界面
0.27204266	0.29423645	0.041383557	0.29423645	0.098100886

最大特征根:l＝5.0;随机一致性比率:CR＝0.0

表4－17 "服务功能"下的二级指标权重

资源整合	个性化服务	交互功能	全文提供	链接功能	离线服务	结果分析
0.27982917	0.109141104	0.04980789	0.27982917	0.1890167	0.04256805	0.04980789

最大特征根:l＝7.0;随机一致性比率:CR＝0.0

表4－18 "收费情况"下的二级指标权重

收费方式	价格高低
0.48040384	0.51959616

最大特征根:l＝2.0;随机一致性比率:CR＝0.0

表4－19 "网络安全"下的二级指标权重

系统安全	用户信息安全
0.55854875	0.4414512

最大特征根:l＝2.0;随机一致性比率:CR＝0.0

由于采用计算机程序计算,计算过程中存在多次有效数字保留操作,部分CR值出现了负数,但显然都趋近于0值,即判断矩阵全部具有满意的一致性,因此,由此计算得出的权重是合理、科学的。

(五)构建网络数据库指标体系

根据前面得出的各级指标权重(表4.14～表4.19),可以计算出每个二级指标在整个评价指标体系中所占的组合权重G_{ij},计算公式如下:

45

$$G_{ij} = W_i * W_{ij} \qquad (4.9)$$

其中 W_i 为一级指标 B_i 的权重，W_{ij} 为二级指标 C_{ij} 在层内所占的权重，则由式 4.7 可得 G_{ij} 为一级指标 B_i 下的二级指标 C_{ij} 的组合权重。

以一级指标"检索功能"下的二级指标"检索效率"为例，由式 4.9 计算：

$$G_{24} = W_2 * W_{24} = 30.16\% \times 29.42\% = 8.87\%$$

同样，可由式 4.9 计算出所有二级指标的组合权重（保留小数点后 4 位有效数字），从而构建出完整的网络数据库指标体系，见表 4-20

表 4-20　网络数据库评价指标体系及组合权重总排序

一级指标（B_i）	一级权重（W_i）	二级指标（C_{ij}）	层内权重（W_{ij}）	组合权重（G_{ij}）	组合权重总排序
收录范围	0.3016	年度跨度	0.2063	0.0622	6
		更新频率	0.1907	0.0575	8
		来源文献数量	0.1907	0.0575	8
		来源文献质量	0.2063	0.0622	6
		来源文献的全面性	0.1630	0.0492	11
		特色收藏	0.0430	0.0130	18
检索功能	0.3016	检索方式	0.2720	0.0820	3
		检索入口	0.2942	0.0887	1
		结果处理	0.0414	0.0125	21
		检索效率	0.2942	0.0887	1
		检索界面	0.0981	0.0296	14
服务功能	0.2579	资源整合	0.2798	0.0722	4
		个性化服务	0.1091	0.0281	15
		交互功能	0.0498	0.0128	19
		全文提供服务	0.2798	0.0722	4
		链接功能	0.1890	0.0487	12
		离线配套服务	0.0426	0.0110	22
		检索结果分析	0.0498	0.0128	19

续表

一级指标 （B_i）	一级权重 （W_i）	二级指标 （C_{ij}）	层内权重 （W_{ij}）	组合权重 （G_{ij}）	组合权重 总排序
收费情况	0.0459	收费方式	0.4804	0.0221	17
		价格高低	0.5196	0.0238	16
网络安全	0.0930	系统安全	0.5585	0.0519	10
		用户信息安全	0.4415	0.0411	13

注：共计22个组合权重，在总排序中排名为第1,4,6,8,19的各有两个二级指标。

三、网络数据库评价指标体系说明

至此，在大量的文献调研基础上，经过特尔菲法的专家意见汇总和层次分析法的科学计算，最终确定了网络数据库评价指标体系以及组合权重。通过定性和定量相结合的方法所确定的指标体系结果既汇集了众多专家意见和建议，又有严格的数学计算和检验作保障。上文的数据统计、计算及检验保证了网络数据库评价指标体系的科学性、合理性和可靠性。网络数据库评价指标体系的建立是对网络信息资源评价这一领域在理论和实践上的发展。网络数据库作为一种重要的网络信息资源，可以通过上述的指标体系进行评价，从而发现各个网络数据库的优劣以及网络数据库之间各个方面的对比。在网络数据库的建设过程中，可以运用这个指标体系来衡量和关注网络数据库的各个侧面，然后通过合理配置资源来使网络数据库的建设和使用效果达到最优。综合上述计算及论证，最终完成完整的网络数据库评价指标体系构建，如表4.20所示。

（一）一级指标的权重分配情况

很明显是收录范围和检索功能并列第一，并且两者权重之和超过了总数的五分之三强，由此可知，网络数据库评价中收录文献内容及文献内容的检索是最重要的指标,最受用户的关注。

(二)二级指标的层内权重分配情况

收录范围:年度跨度、更新频率、文献数量和文献质量4项二级指标明显受到专家重视,说明网络数据库收录文献资源应该全面、及时、权威。

检索功能:检索方式、检索入口和检索效率3项指标也明显得到专家的重视,说明用户对检索方法及检索效率的要求很高,网络数据库应充分利用最新计算机网络技术,开发出多功能、高效率的检索系统,才能真正满足用户多角度需求,提供优质的服务。

服务功能:资源整合、链接功能、全文提供服务也受到专家的普遍关注,说明用户不仅仅需要直接检索出自己想要的完整文献资源,还非常关注能否获得相关资源信息。

收费情况:收费方式和价格高低权重相当。由于专家大多是科研教学人员,普遍是通过单位包库方式来使用数据库,所以对价格高低没有给予应有的重点关注。如果作为网络数据库的直接购买用户,比如高校图书馆,可能最先要考虑到经费问题,会最大程度上去关心价格高低。

网络安全下的系统安全、用户信息安全权重也无太大差异,说明网络数据库不但要保证自身系统安全,具有防病毒、防黑客的能力,而且还要保证注册用户信息安全,为用户提供诚信可靠的服务。

(三)组合权重的分配情况

从组合权重总排序来看,排在前三位的都是来自一级指标检索功能(检索入口与检索效率并列第1,检索方式位列第3),这与用户使用过程中对检索功能的多样性需求是相符的,如何方便快捷地从网络数据库中获得有用信息,是用户最关心的问题;除此之外,资源整合、全文提供服务、年度跨度、来源文献质量、更新频率、来源文献数量的权重也依次位于较高之列,这说明用户在关心能否方便快捷地检索所需信息的同时,也高度关注着网络数据库本身拥有的信息内容及潜在拥有信息内容的能力。

　　在系统安全、来源文献的全面性、链接功能、用户信息安全方面的组合权重比较接近,并且排名处于中等位置。直觉上安全因素非常重要,但由于不是用户的直接需求,这些指标权重位处中等。

　　组合权重偏低、排名靠后的依次是:检索界面、个性化服务、价格高低、收费方式、特色收藏、交互功能、检索结果分析、结果处理、离线配套服务,这些指标的组合权重相对而言小得多,这也基本上符合网络数据库自身的特点。

第五章 网络数据库评价实证分析

一、网络数据库评价实证调查

(一)确定调查方法

建立网络数据库评价指标体系的主要目的,就是为了对具体网络数据库进行测评。本次测评依据前文建立的网络数据库评价指标体系(表4.20),采用 E – mail 方式发放问卷调查表,根据问卷调查结果,获取测评对象在每个指标上的平均得分。在对测评对象最终总得分的计算过程中,本文放弃了用平均得分加权求和的方法,而是选用了指数标度系统来构造平均得分的判断矩阵,利用 AHP 进行实证分析。

(二)确定测评对象

考虑到很多网络数据库对用户设置了使用权限,无法进行全面的调查,所以本次问卷调查选定的测评对象,限定于南京大学图书馆购买了使用权的中外文数据库,这些数据库虽然全部选自南京大学图书馆购买范围,但大多是通过 CALIS/JALIS 联合采购,在国内高校中被广泛使用,具有相当高的普遍性。因此选择的测评对象都是网络数据库的典型代表,详见南京大学图书馆主页上的"网络资源"①。

心理学研究表明,在同时进行比较的对象不超过(7±2)的情况下,人的判断具有良好的一致性②,因此将本次测评对象的数量确定为9个;综合考虑到文献语种、文献类型、下载总量、单篇下载成本价格等因素,最终确定了以下9个网络数据库作为测评对象,见表5-1

表5-1 参加测评的网络数据库列表

编号	网络数据库名称	网络数据库网址
1	CNKI	http://202.119.47.27/kns50/
2	VIP	http://202.119.47.6
3	SCI	http://portal.isiknowledge.com/portal.cgi?DestApp=WOS&Func=Frame
4	EI	http://www.engineeringvillage2.org.cn/
5	ProQuest	http://proquest.calis.edu.cn/umi/index.jsp
6	Blackwell	http://www.blackwell-synergy.com/
7	Springer	http://springer.lib.tsinghua.edu.cn/home/main.mpx
8	Wiley	http://www.interscience.wiley.com/
9	Elsevier	http://www.sciencedirect.com/

(三)测评对象介绍

1. CNKI

最大的连续动态更新的中国期刊全文数据库。收录1994年至今(部分刊物回溯至1979年,部分刊物回溯至创刊)。文献来源于中国国内8476种综合期刊与专业特色期刊的全文。截止2018年,累积期刊全文

---

① 南京大学图书馆. 网络电子资源导航[EB/OL]. [2006-01-01]. http://lib.nju.edu.cn/nju_resource.htm
② 朱庆华. 信息分析:基础、方法及应用[M]. 北京:科学出版社,2004. 209.

文献 7400 多万篇。产品分为十大专辑：理工 A、理工 B、理工 C、农业、医药卫生、文史哲、政治军事与法律、教育与社会科学综合、电子技术与信息科学、经济与管理。产品形式多样，包括 WEB 版（网上包库）、镜像站版、光盘版、流量记费等形式。CNKI 中心网站及数据库交换服务中心每日更新，各镜像站点通过互联网或卫星传送数据可实现每日更新，专辑光盘每月更新，专题光盘年度更新。

2. VIP

维普中文科技期刊全文数据库,重庆维普公司出版的电子全文期刊,收录 9246 种期刊全文，覆盖了自然科学、工程技术、医疗卫生等学科的 27 个专题的中文科技全文期刊。文献类型包括期刊和论文，是国内最大的综合性文献数据库。《中文科技期刊数据库》（全文版）提供镜像安装、网上包库和网上免费检索流量计费下载方式等多种使用方式，供用户单位选择。包含了 1989 年至今 1370 余万篇文献，并以每年 150 万篇的速度递增。所有文献被分为 8 个专辑：社会科学、自然科学、工程技术、农业科学、医药卫生、经济管理、教育科学和图书情报。

3. SCI

数据库 ISI Web Of Science 的名称缩写：SCI，是 Thomson ISI 建设的三大引文数据库的 Web 版，由三个独立的数据库组成（既可以分库检索，也可以多库联合检索），分别是 Science Citation Index Expanded（简称 SCI Expanded）、Social Sciences Citation Index（简称 SSCI）和 Arts & Humanities Citation Index（简称 A&HCI）。内容涵盖自然科学、工程技术、社会科学、艺术与人文等诸多领域内的 8,500 多种学术期刊。ISI Web Of Science 不仅收录核心期刊中的学术论文，而且 ISI 把其认为有意义的其他文章类型也收录进数据库，包括期刊中发表的信件、更正、补正、编者按和评论、会议文摘等 17 种类型。其他文献数据库一般不收录这些类型的文献。ISI Web Of Science 的数据为每周更新。ISI Web of Science 所独有的引文检索机制提供了强大检索能力。

4. EI

美国工程信息公司(EI)是世界上最大的工程信息提供者之一,其产品《工程索引》早已被国内科技界人士所熟知。该数据库侧重提供应用科学和工程领域的文摘索引信息,数据来源于5100种工程类期刊、会议论文和技术报告,其中化工和工艺的期刊文献最多,约占15%,计算机和数据处理类占12%,应用物理类占11%,电子和通讯类占12%,另外还有土木工程类(占6%)和机械工程类(占6%)等,其中有大约22%的数据是经标引和摘要过的会议论文;90%的文献是英文文献;数据每周更新。

5. ProQuest

ProQuest博硕士论文全文数据库是由ProQuest公司提供的ProQuest博士论文全文数据库(PQDD全文),收录有1998年以来的授予学位的4万多篇博士论文,每年以1万多篇的速度增长。

6. Blackwell

数据库Blackwell Synergy的名称缩写,Blackwell出版公司是世界上最大的期刊出版商之一,拥有总数达697种在物理学、医学、社会科学以及人文科学等学科领域享有盛誉的学术期刊。所有期刊都列入List of All Journals,通过Blackwell Synergy获取网络版期刊,同时提供对引文和参考文献的链接。

7. Springer

数据库SpringerLink的名称缩写,由Springer出版社出版。收录499种全文电子学术期刊,涵盖数学、物理学、天文学、化学等11个学科。

8. Wiley

数据库Wiley InterScience的名称缩写,由Wiley InterScience公司出版的期刊全文数据库,收录自然科学、工程技术、医学、商业等领域160余种期刊。时间跨度从1997年开始至今。文献类型包括:参考工具书、期刊、论文、手册、图书。

9. Elsevier

数据库Elsevier ScienceDirect的名称缩写,由Elsevier公司出版。收

录1800余种电子期刊(其中1500余种为全文,200余种为文摘),内容涉及数学、物理、化学、生命科学等12个学科。时间跨度从1998年开始至今。文献类型包括:期刊、论文。

(四)确定问卷调查者

由于调查问卷内容比较深入,需要问卷调查者花费较多的时间和精力,所以大范围发放问卷不太现实,并有可能造成问卷回收率太低,问卷结果不可靠,可能会导致调查结果的不科学。考虑到参加测评的网络数据库全都有权限设置,所有的问卷调查者必须对测评对象有完全使用权限;同时考虑到网络数据库的自身特点,问卷调查者需要具备一定素质和相关知识背景。根据本次调查的目的和性质,最终确定对南京大学信息管理系的12位研究生发放问卷调查表,确保了问卷的及时回收,同时也保证了问卷结果的客观真实。

(五)设计调查问卷

调查问卷主要依据网络数据库评价指标(表4-5)来设计,由问卷说明和正文组成。正文包括四张表格:收录范围、检索功能、服务功能各占一张表格,收费情况和网络安全的二级指标比较少,合并成了一张表格。评分标准:采用5分制来评价各网站某项指标的优劣情况(5:非常好;4:比较好;3:一般;2:较差;1:很差)。详见附录7网络数据库实证分析调查问卷。

二、调查结果及处理

(一)构建递阶层次结构

1. 构建递阶层次结构

根据系统原理,任何系统都是由一组相互联系的元素为了某种目的而形成的,系统具有层次性、结构性等特点。当对一个复杂问题作为系统来进行分析时,总是首先要将问题概念化、条理化、层次化,即将大系统分解为一些相互关联的子系统,从而构造出一个层次分析的结构模型。

递阶层次是关于系统结构的抽象概念,是为研究系统各元素的相互关系与功能的相互作用而构造的。这些元素按其属性的不同,分成若干组,形成互不相交的层次。上一层次的元素作为准则对相邻的下一层次的全部或部分元素起支配作用,同时它又受到更上一层元素的支配,这样就形成了层次间自上而下的逐层支配关系,即递阶层次结构。

一个典型的递阶层次模型如图5-1所示。

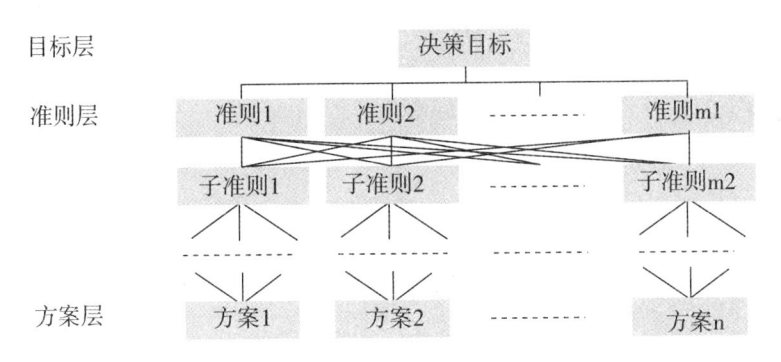

图 5-1 递阶层次模型

递阶层次结构大致可以分为三个层次:目标层、准则层和方案层,分别对应于最高层、中间层和最低层。目标层只有一个元素,表示了所要解决问题的目的、预定目标;准则层是为了实现目标而建立起来的一套判断准则,往往又可以分为若干个层次;方案层也称为措施层,是指为了实现目标、解决问题可供选择的各种决策、措施、方案等[1]。

根据网络数据库评价指标体系(表4-5)和参加测评的网络数据库列表(表5-1),将网络数据库评价作为最高层目标层A层,网络数据库评价的一级指标作为准则层B层,二级指标作为子准则层C层。网络数

---

[1] 朱庆华. 信息分析:基础、方法及应用[M]. 北京:科学出版社,2004. 207-208.

据库作为测评对象,称为方案层P层。5个一级指标依次标示为B1—B5,22个二级指标依次标示为C11—C16,C21—C25,…,C51—C52。九个网络数据库依次标示为P1—P9,建立递阶层次结构如图5-2

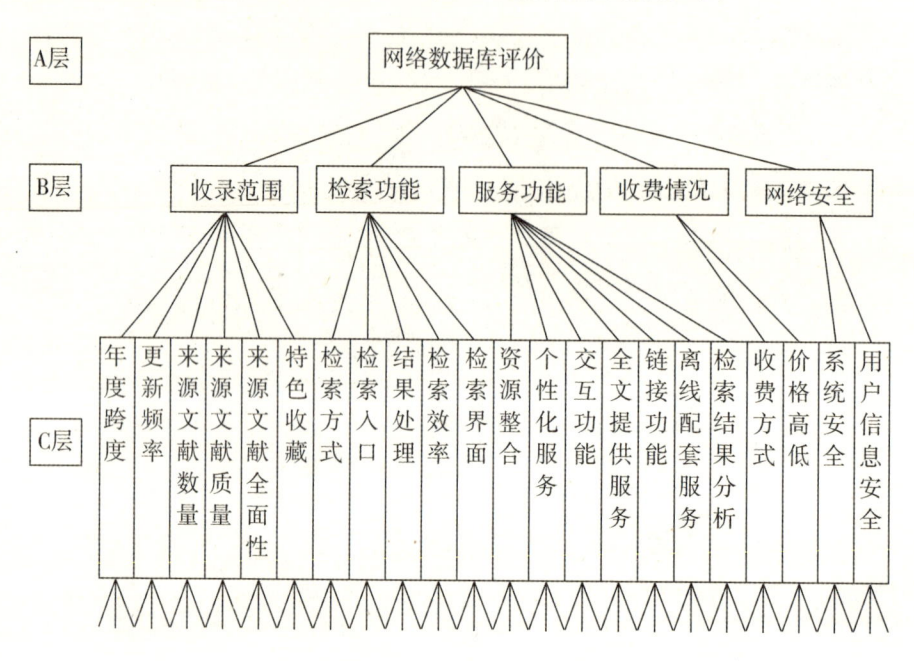

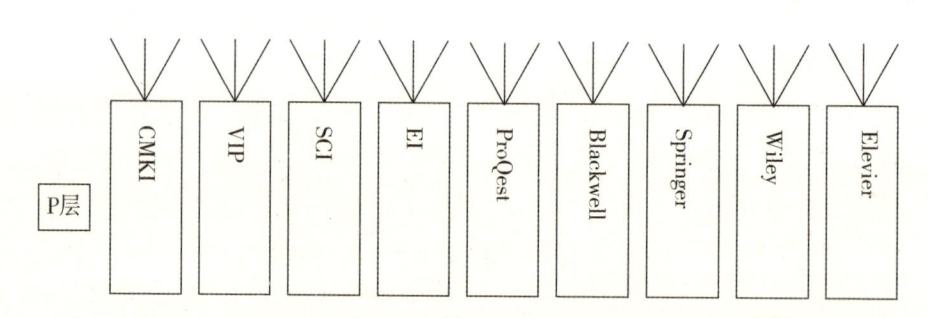

图5-2 网络数据库评价递阶层次结构图

(二)处理调查结果

此处没有采用满分频度来处理,主要原因在于,调查者评分主观性较强,对同一个指标的认识不同、评价的准则也不同,统计结果表明,很多指标的满分频度都为0,显然会导致测评的不科学。而采用平均分来处理,可以从整体上平衡评分者对同一个指标的认识。

在实际调查中发现"收费情况"下的二级指标"价格高低",该项指标不具备可比性。外文数据库明显高于中文数据库,并且收费形式多样,受到个人账号、单位账号、流量、篇数、包库、并发端口数、数据库范围等等影响,获取到的价格信息之间无法比较,鉴于各评估对象都是在市场上经历多年竞争,价格在市场经济调节下应该已得到平衡,所以为12份调查问卷中的该项指标指定了相同分数(4分);另外,"网站安全"下的二级指标"系统安全"在本次调查中无法获取,考虑到评估对象都已比较成熟,在网站系统方面应该都有比较先进的安全措施,所以为12份调查问卷中的该项指标指定了相同分数(4分)。通过这样的处理,保证了网络数据库评价指标体系完整性,同时,也避免了这两项指标对本次评价目标的排序产生影响。

根据回收的12份有效问卷调查表,分别对9个网络数据库的22项指标进行处理,汇总并求出平均分,详见附录8。经过合并与转置处理后,可得表5-2:

表5-2 网络数据库测评平均分统计表

$C_{ij}\backslash P_i$	P1	P2	P3	P4	P5	P6	P7	P8	P9
C11	4.33	4.25	4.50	4.58	4.75	4.00	4.17	4.50	4.08
C12	4.83	4.83	4.58	4.50	4.17	4.08	4.17	4.17	4.58
C13	4.08	4.08	4.83	4.50	4.17	4.08	4.33	4.08	4.58
C14	3.75	3.67	4.92	4.75	4.50	4.42	4.75	4.25	4.75
C15	4.42	4.42	4.75	4.50	3.92	4.33	4.25	3.92	4.75
C16	3.25	3.25	4.08	4.58	4.00	3.33	3.83	3.58	3.58
C21	4.75	4.75	5.00	4.67	5.00	4.83	4.67	4.83	5.00
C22	5.00	5.00	5.00	4.83	5.00	4.75	4.08	4.58	4.67
C23	3.75	3.58	5.00	4.67	4.33	3.83	3.83	4.58	3.83
C24	4.00	4.00	4.58	4.42	4.58	4.25	4.42	4.33	4.75
C25	4.42	4.58	4.42	4.50	5.00	4.83	4.83	4.83	4.25

续表

Cij\Pi	P1	P2	P3	P4	P5	P6	P7	P8	P9
C31	3.75	3.00	5.00	3.33	5.00	4.00	4.00	4.33	4.75
C32	3.08	3.75	4.08	4.08	4.25	4.17	3.42	3.75	3.08
C33	3.67	3.67	3.83	4.58	3.83	3.83	4.25	4.33	3.83
C34	5.00	4.75	4.17	3.83	4.00	4.83	4.25	4.42	4.42
C35	4.17	4.17	5.00	4.00	4.75	4.00	4.25	4.00	4.67
C36	3.17	3.17	3.58	3.17	3.75	3.58	3.58	3.58	3.42
C37	2.83	2.83	4.17	4.25	3.75	3.25	3.00	3.00	3.08
C41	4.17	4.17	4.33	4.17	4.33	4.17	4.17	4.33	4.17
C42	4.00	4.00	4.00	4.00	4.00	4.00	4.00	4.00	4.00
C51	4.00	4.00	4.00	4.00	4.00	4.00	4.00	4.00	4.00
C52	3.92	3.92	4.33	4.33	4.42	4.33	4.17	4.42	4.17

注：C11～C52 是 22 个二级指标，P1～P9 是 9 个被评估的网络数据库。

（三）建立判断矩阵与计算权重

与网络数据库评价指标权重的计算方法类似，此处同样采用了"等差分级、等比赋值"的指数标度系统来构造判断矩阵。区别在于，这里是以 9 个网络数据库在各个指标的平均得分为依据，不同于满分频率的取值范围为 0—100，而平均得分的取值范围为 1—5。因此，基准数的计算发生了变化，由 100 的八均分，变成 4 的八均分。

针对评价指标体系里的某一项指标 C_{ij}，网络数据库 P_m 平均得分为 x，而 P_n 平均得分为 y，则有 P_m 相对于 P_n 在指标 C_{ij} 上的优劣程度为：

$$a_{ij} = a^{(x-y)/((5-1)/8)} = a^{(x-y)/0.5} \qquad (5.1)$$

由于与网络数据库评价指标权重的计算步骤类似，对"程序一"、"程序二"稍做一些修改调整后得到"程序三"、"程序四"（程序代码详见附录 9、附录 10）

根据表 5-2 中平均得分情况，用方案层的网络数据库集合 P(P1，P2，P3，P4，P5，P6，P7，P8，P9)，针对准则层的 22 个评价指标集合(C11，C12，C13，C14，C15，C16，C21，C22，C23，C24，C25，C31，C32，C33，C34，C35，C36，C37，C41，C42，C51，C52)，分别执行"程序三"、"程序四"，计算

出对应于22个指标的平均得分判断矩阵、最大特征根、随机一致性比率,以及22个指标的权重集合(W'11,W'12,W'13,W'14,W'15,W'16,W'21,W'22,W'23,W'24,W'25,W'31,W'32,W'33,W'34,W'35,W'36,W'37,W'41,W'42,W'51,W'52),并在每个指标上进行排名,详见表5-3—表5-24

表5-3 收录范围下的年度跨度指标(C11)

C11	P1	P2	P3	P4	P5	P6	P7	P8	P9	W'11	排名
P1	1.00	1.04	0.91	0.87	0.79	1.20	1.09	0.91	1.15	0.1088	5
P2	0.96	1.00	0.87	0.83	0.76	1.15	1.04	0.87	1.10	0.1042	6
P3	1.10	1.15	1.00	0.96	0.87	1.32	1.20	1.00	1.26	0.1197	3
P4	1.15	1.20	1.04	1.00	0.91	1.38	1.25	1.04	1.32	0.1249	2
P5	1.26	1.32	1.15	1.10	1.00	1.51	1.38	1.15	1.44	0.1373	1
P6	0.83	0.87	0.76	0.73	0.66	1.00	0.91	0.76	0.96	0.0908	9
P7	0.92	0.96	0.83	0.80	0.73	1.10	1.00	0.83	1.05	0.0998	7
P8	1.10	1.15	1.00	0.96	0.87	1.32	1.20	1.00	1.26	0.1197	3
P9	0.87	0.91	0.79	0.76	0.69	1.04	0.95	0.79	1.00	0.0947	8

最大特征根:$l = 8.998758$;随机一致性比率:$CR = -1.0704172E-4$
注:随机一致性比率中的"E-4",表示10的负4次方(以下同)

表5-4 收录范围下的更新频率指标(C12)

C12	P1	P2	P3	P4	P5	P6	P7	P8	P9	W'12	排名
P1	1.00	1.00	1.15	1.20	1.44	1.51	1.44	1.44	1.15	0.1366	1
P2	1.00	1.00	1.15	1.20	1.44	1.51	1.44	1.44	1.15	0.1366	1
P3	0.87	0.87	1.00	1.04	1.25	1.32	1.25	1.25	1.00	0.1188	3
P4	0.83	0.83	0.96	1.00	1.20	1.26	1.20	1.20	0.96	0.1138	5
P5	0.70	0.70	0.80	0.83	1.00	1.05	1.00	1.00	0.80	0.0951	6
P6	0.66	0.66	0.76	0.79	0.95	1.00	0.95	0.95	0.76	0.0902	9
P7	0.70	0.70	0.80	0.83	1.00	1.05	1.00	1.00	0.80	0.0951	6
P8	0.70	0.70	0.80	0.83	1.00	1.05	1.00	1.00	0.80	0.0951	6
P9	0.87	0.87	1.00	1.04	1.25	1.32	1.25	1.25	1.00	0.1188	3

最大特征根:$l = 9.001588$;随机一致性比率:$CR = 1.3688515E-4$

表5-5 收录范围下的来源文献数量(C13)

C13	P1	P2	P3	P4	P5	P6	P7	P8	P9	W'13	排名
P1	1.00	1.00	0.66	0.79	0.95	1.00	0.87	1.00	0.76	0.0971	6
P2	1.00	1.00	0.66	0.79	0.95	1.00	0.87	1.00	0.76	0.0971	6
P3	1.51	1.51	1.00	1.20	1.44	1.51	1.32	1.51	1.15	0.1470	1
P4	1.26	1.26	0.83	1.00	1.20	1.26	1.10	1.26	0.96	0.1225	3
P5	1.05	1.05	0.70	0.83	1.00	1.05	0.92	1.05	0.80	0.1022	5
P6	1.00	1.00	0.66	0.79	0.95	1.00	0.87	1.00	0.76	0.0971	6
P7	1.15	1.15	0.76	0.91	1.09	1.15	1.00	1.15	0.87	0.1116	4
P8	1.00	1.00	0.66	0.79	0.95	1.00	0.87	1.00	0.76	0.0971	6
P9	1.32	1.32	0.87	1.04	1.25	1.32	1.15	1.32	1.00	0.1281	2

最大特征根:l=8.997689;随机一致性比率:CR=-1.9920283E-4

表5-6 收录范围下的来源文献质量(C14)

C14	P1	P2	P3	P4	P5	P6	P7	P8	P9	W'14	排名
P1	1.00	1.04	0.53	0.58	0.66	0.69	0.58	0.76	0.58	0.0751	8
P2	0.96	1.00	0.50	0.55	0.63	0.66	0.55	0.73	0.55	0.0716	9
P3	1.90	1.99	1.00	1.10	1.26	1.32	1.10	1.44	1.10	0.1428	1
P4	1.73	1.81	0.91	1.00	1.15	1.20	1.00	1.32	1.00	0.1301	2
P5	1.51	1.58	0.79	0.87	1.00	1.04	0.87	1.15	0.87	0.1132	5
P6	1.44	1.51	0.76	0.83	0.96	1.00	0.83	1.10	0.83	0.1083	6
P7	1.73	1.81	0.91	1.00	1.15	1.20	1.00	1.32	1.00	0.1301	2
P8	1.32	1.38	0.69	0.76	0.87	0.91	0.76	1.00	0.76	0.0988	7
P9	1.73	1.81	0.91	1.00	1.15	1.20	1.00	1.32	1.00	0.1301	2

最大特征根:l=8.998241;随机一致性比率:CR=-1.5160133E-4

表 5-7　收录范围下的来源文献的全面性（C15）

C15	P1	P2	P3	P4	P5	P6	P7	P8	P9	W'15	排名
P1	1.00	1.00	0.83	0.96	1.32	1.05	1.10	1.32	0.83	0.1133	4
P2	1.00	1.00	0.83	0.96	1.32	1.05	1.10	1.32	0.83	0.1133	4
P3	1.20	1.20	1.00	1.15	1.58	1.26	1.32	1.58	1.00	0.1360	1
P4	1.04	1.04	0.87	1.00	1.38	1.10	1.15	1.38	0.87	0.1184	3
P5	0.76	0.76	0.63	0.73	1.00	0.80	0.83	1.00	0.63	0.0860	8
P6	0.95	0.95	0.79	0.91	1.25	1.00	1.04	1.25	0.79	0.1076	6
P7	0.91	0.91	0.76	0.87	1.20	0.96	1.00	1.20	0.76	0.1033	7
P8	0.76	0.76	0.63	0.73	1.00	0.80	0.83	1.00	0.63	0.0860	8
P9	1.20	1.20	1.00	1.15	1.58	1.26	1.32	1.58	1.00	0.1360	1

最大特征根：l = 8.997454；随机一致性比率：CR = -2.1950951E-4

表 5-8　收录范围下的特色收藏（C16）

C16	P1	P2	P3	P4	P5	P6	P7	P8	P9	W'16	排名
P1	1.00	1.00	0.63	0.48	0.66	0.96	0.73	0.83	0.83	0.0833	8
P2	1.00	1.00	0.63	0.48	0.66	0.96	0.73	0.83	0.83	0.0833	8
P3	1.58	1.58	1.00	0.76	1.04	1.51	1.15	1.32	1.32	0.1318	2
P4	2.08	2.08	1.32	1.00	1.38	1.99	1.51	1.73	1.73	0.1735	1
P5	1.51	1.51	0.96	0.73	1.00	1.44	1.10	1.26	1.26	0.1261	3
P6	1.04	1.04	0.66	0.50	0.69	1.00	0.76	0.87	0.87	0.0870	7
P7	1.38	1.38	0.87	0.66	0.91	1.32	1.00	1.15	1.15	0.1149	4
P8	1.20	1.20	0.76	0.58	0.79	1.15	0.87	1.00	1.00	0.1001	5
P9	1.20	1.20	0.76	0.58	0.79	1.15	0.87	1.00	1.00	0.1001	5

最大特征根：l = 8.997545；随机一致性比率：CR = -2.1161704E-4

表5-9 检索功能下的检索方式（C21）

C21	P1	P2	P3	P4	P5	P6	P7	P8	P9	W'21	排名
P1	1.00	1.00	0.87	1.04	0.87	0.96	1.04	0.96	0.87	0.1058	6
P2	1.00	1.00	0.87	1.04	0.87	0.96	1.04	0.96	0.87	0.1058	6
P3	1.15	1.15	1.00	1.20	1.00	1.10	1.20	1.10	1.00	0.1216	1
P4	0.96	0.96	0.83	1.00	0.83	0.92	1.00	0.92	0.83	0.1013	8
P5	1.15	1.15	1.00	1.20	1.00	1.10	1.20	1.10	1.00	0.1216	1
P6	1.04	1.04	0.91	1.09	0.91	1.00	1.09	1.00	0.91	0.1105	4
P7	0.96	0.96	0.83	1.00	0.83	0.92	1.00	0.92	0.83	0.1013	8
P8	1.04	1.04	0.91	1.09	0.91	1.00	1.09	1.00	0.91	0.1105	4
P9	1.15	1.15	1.00	1.20	1.00	1.10	1.20	1.10	1.00	0.1216	1

最大特征根：$l=8.998163$；随机一致性比率：$CR=-1.5834282E-4$

表5-10 检索功能下的检索入口（C22）

C22	P1	P2	P3	P4	P5	P6	P7	P8	P9	W'22	排名
P1	1.00	1.00	1.00	1.10	1.00	1.15	1.66	1.26	1.20	0.1249	1
P2	1.00	1.00	1.00	1.10	1.00	1.15	1.66	1.26	1.20	0.1249	1
P3	1.00	1.00	1.00	1.10	1.00	1.15	1.66	1.26	1.20	0.1249	1
P4	0.91	0.91	0.91	1.00	0.91	1.04	1.51	1.15	1.09	0.1136	5
P5	1.00	1.00	1.00	1.10	1.00	1.15	1.66	1.26	1.20	0.1249	1
P6	0.87	0.87	0.87	0.96	0.87	1.00	1.44	1.10	1.04	0.1087	6
P7	0.60	0.60	0.60	0.66	0.60	0.69	1.00	0.76	0.72	0.0750	9
P8	0.79	0.79	0.79	0.87	0.79	0.91	1.32	1.00	0.95	0.0989	8
P9	0.83	0.83	0.83	0.92	0.83	0.96	1.38	1.05	1.00	0.1040	7

最大特征根：$l=8.993465$；随机一致性比率：$CR=-5.6332554E-4$

表5-11 检索功能下的结果处理（C23）

C23	P1	P2	P3	P4	P5	P6	P7	P8	P9	W'23	排名
P1	1.00	1.10	0.50	0.60	0.73	0.87	0.96	0.63	0.96	0.0851	8
P2	0.91	1.00	0.46	0.55	0.66	0.79	0.87	0.58	0.87	0.0775	9
P3	1.99	2.18	1.00	1.20	1.44	1.73	1.90	1.26	1.90	0.1691	1
P4	1.66	1.82	0.83	1.00	1.21	1.44	1.59	1.05	1.59	0.1411	2
P5	1.38	1.51	0.69	0.83	1.00	1.20	1.32	0.87	1.32	0.1172	4
P6	1.15	1.26	0.58	0.69	0.83	1.00	1.10	0.73	1.10	0.0978	5
P7	1.04	1.15	0.53	0.63	0.76	0.91	1.00	0.66	1.00	0.0890	6
P8	1.58	1.73	0.79	0.95	1.15	1.38	1.51	1.00	1.51	0.1343	3
P9	1.04	1.15	0.53	0.63	0.76	0.91	1.00	0.66	1.00	0.0890	6

最大特征根：$l = 8.999896$；随机一致性比率：$CR = -8.9612495E-6$

表5-12 检索功能下的检索效率（C24）

C24	P1	P2	P3	P4	P5	P6	P7	P8	P9	W'24	排名
P1	1.00	1.00	0.73	0.79	0.73	0.87	0.79	0.83	0.66	0.0898	8
P2	1.00	1.00	0.73	0.79	0.73	0.87	0.79	0.83	0.66	0.0898	8
P3	1.38	1.38	1.00	1.09	1.00	1.20	1.09	1.15	0.91	0.1237	2
P4	1.26	1.26	0.92	1.00	0.92	1.10	1.00	1.05	0.83	0.1133	4
P5	1.38	1.38	1.00	1.09	1.00	1.20	1.09	1.15	0.91	0.1237	2
P6	1.15	1.15	0.83	0.91	0.83	1.00	0.91	0.96	0.76	0.1031	7
P7	1.26	1.26	0.92	1.00	0.92	1.10	1.00	1.05	0.83	0.1133	4
P8	1.20	1.20	0.87	0.95	0.87	1.04	0.95	1.00	0.79	0.1076	6
P9	1.51	1.51	1.10	1.20	1.10	1.32	1.20	1.26	1.00	0.1359	1

最大特征根：$l = 8.998844$；随机一致性比率：$CR = -9.964252E-5$

表 5 – 13　检索功能下的检索界面（C25）

C25	P1	P2	P3	P4	P5	P6	P7	P8	P9	W'25	排名
P1	1.00	0.92	1.00	0.96	0.73	0.80	0.80	0.80	1.10	0.0984	7
P2	1.09	1.00	1.09	1.04	0.79	0.87	0.87	0.87	1.20	0.1070	5
P3	1.00	0.92	1.00	0.96	0.73	0.80	0.80	0.80	1.10	0.0984	7
P4	1.04	0.96	1.04	1.00	0.76	0.83	0.83	0.83	1.15	0.1024	6
P5	1.38	1.26	1.38	1.32	1.00	1.10	1.10	1.10	1.51	0.1353	1
P6	1.25	1.15	1.25	1.20	0.91	1.00	1.00	1.00	1.38	0.1230	2
P7	1.25	1.15	1.25	1.20	0.91	1.00	1.00	1.00	1.38	0.1230	2
P8	1.25	1.15	1.25	1.20	0.91	1.00	1.00	1.00	1.38	0.1230	2
P9	0.91	0.83	0.91	0.87	0.66	0.73	0.73	0.73	1.00	0.0894	9

最大特征根：$l = 9.002664$；随机一致性比率：$CR = 2.2962174E - 4$

表 5 – 14　服务功能下的资源整合（C31）

C31	P1	P2	P3	P4	P5	P6	P7	P8	P9	W'31	排名
P1	1.00	1.51	0.50	1.26	0.50	0.87	0.87	0.73	0.58	0.0845	7
P2	0.66	1.00	0.33	0.83	0.33	0.58	0.58	0.48	0.38	0.0558	9
P3	1.99	3.00	1.00	2.50	1.00	1.73	1.73	1.44	1.15	0.1680	1
P4	0.79	1.20	0.40	1.00	0.40	0.69	0.69	0.58	0.46	0.0671	8
P5	1.99	3.00	1.00	2.50	1.00	1.73	1.73	1.44	1.15	0.1680	1
P6	1.15	1.73	0.58	1.44	0.58	1.00	1.00	0.83	0.66	0.0970	5
P7	1.15	1.73	0.58	1.44	0.58	1.00	1.00	0.83	0.66	0.0970	5
P8	1.38	2.08	0.69	1.73	0.69	1.20	1.20	1.00	0.79	0.1162	4
P9	1.73	2.61	0.87	2.18	0.87	1.51	1.51	1.26	1.00	0.1464	3

最大特征根：$l = 8.993626$；随机一致性比率：$CR = - 5.495137E - 4$

表5-15 服务功能下的个性化服务(C32)

C32	P1	P2	P3	P4	P5	P6	P7	P8	P9	W'32	排名
P1	1.00	0.69	0.58	0.58	0.53	0.55	0.83	0.69	1.00	0.0754	8
P2	1.44	1.00	0.83	0.83	0.76	0.79	1.20	1.00	1.44	0.1086	5
P3	1.73	1.20	1.00	1.00	0.91	0.95	1.44	1.20	1.73	0.1304	3
P4	1.73	1.20	1.00	1.00	0.91	0.95	1.44	1.20	1.73	0.1304	3
P5	1.90	1.32	1.10	1.10	1.00	1.04	1.58	1.32	1.90	0.1433	1
P6	1.82	1.26	1.05	1.05	0.96	1.00	1.51	1.26	1.82	0.1371	2
P7	1.21	0.83	0.70	0.70	0.63	0.66	1.00	0.83	1.21	0.0908	7
P8	1.44	1.00	0.83	0.83	0.76	0.79	1.20	1.00	1.44	0.1086	5
P9	1.00	0.69	0.58	0.58	0.53	0.55	0.83	0.69	1.00	0.0754	8

最大特征根:l = 8.998802;随机一致性比率:CR = -1.032599E-4

表5-16 服务功能下的交互功能(C33)

C33	P1	P2	P3	P4	P5	P6	P7	P8	P9	W'33	排名
P1	1.00	1.00	0.92	0.61	0.92	0.92	0.73	0.70	0.92	0.0926	8
P2	1.00	1.00	0.92	0.61	0.92	0.92	0.73	0.70	0.92	0.0926	8
P3	1.09	1.09	1.00	0.66	1.00	1.00	0.79	0.76	1.00	0.1007	4
P4	1.65	1.65	1.51	1.00	1.51	1.51	1.20	1.15	1.51	0.1523	1
P5	1.09	1.09	1.00	0.66	1.00	1.00	0.79	0.76	1.00	0.1007	4
P6	1.09	1.09	1.00	0.66	1.00	1.00	0.79	0.76	1.00	0.1007	4
P7	1.38	1.38	1.26	0.83	1.26	1.26	1.00	0.96	1.26	0.1270	3
P8	1.44	1.44	1.32	0.87	1.32	1.32	1.04	1.00	1.32	0.1328	2
P9	1.09	1.09	1.00	0.66	1.00	1.00	0.79	0.76	1.00	0.1007	4

最大特征根:l = 9.004649;随机一致性比率:CR = 4.0078984E-4

表 5−17　服务功能下的全文提供服务（C34）

C34	P1	P2	P3	P4	P5	P6	P7	P8	P9	W'34	排名
P1	1.00	1.15	1.58	1.90	1.73	1.10	1.51	1.38	1.38	0.1508	1
P2	0.87	1.00	1.38	1.66	1.51	0.96	1.32	1.20	1.20	0.1315	3
P3	0.63	0.73	1.00	1.21	1.10	0.70	0.96	0.87	0.87	0.0956	7
P4	0.53	0.60	0.83	1.00	0.91	0.58	0.79	0.72	0.72	0.0792	9
P5	0.58	0.66	0.91	1.10	1.00	0.63	0.87	0.79	0.79	0.0868	8
P6	0.91	1.04	1.44	1.73	1.58	1.00	1.38	1.25	1.25	0.1372	2
P7	0.66	0.76	1.04	1.26	1.15	0.73	1.00	0.91	0.91	0.0997	6
P8	0.73	0.83	1.15	1.38	1.26	0.80	1.10	1.00	1.00	0.1096	4
P9	0.73	0.83	1.15	1.38	1.26	0.80	1.10	1.00	1.00	0.1096	4

最大特征根：$l = 9.0009$；随机一致性比率：$CR = 7.760936E-5$

表 5−18　服务功能下的链接功能（C35）

C35	P1	P2	P3	P4	P5	P6	P7	P8	P9	W'35	排名
P1	1.00	1.00	0.63	1.10	0.73	1.10	0.96	1.10	0.76	0.0996	5
P2	1.00	1.00	0.63	1.10	0.73	1.10	0.96	1.10	0.76	0.0996	5
P3	1.58	1.58	1.00	1.73	1.15	1.73	1.51	1.73	1.20	0.1571	1
P4	0.91	0.91	0.58	1.00	0.66	1.00	0.87	1.00	0.69	0.0906	7
P5	1.38	1.38	0.87	1.51	1.00	1.51	1.32	1.51	1.04	0.1370	2
P6	0.91	0.91	0.58	1.00	0.66	1.00	0.87	1.00	0.69	0.0906	7
P7	1.04	1.04	0.66	1.15	0.76	1.15	1.00	1.15	0.79	0.1039	4
P8	0.91	0.91	0.58	1.00	0.66	1.00	0.87	1.00	0.69	0.0906	7
P9	1.32	1.32	0.83	1.44	0.96	1.44	1.26	1.44	1.00	0.1309	3

最大特征根：$l = 8.998584$；随机一致性比率：$CR = -1.2208676E-4$

表 5-19 服务功能下的离线配套服务(C36)

C36	P1	P2	P3	P4	P5	P6	P7	P8	P9	W'36	排名
P1	1.00	1.00	0.80	1.00	0.73	0.80	0.80	0.80	0.87	0.0950	7
P2	1.00	1.00	0.80	1.00	0.73	0.80	0.80	0.80	0.87	0.0950	7
P3	1.25	1.25	1.00	1.25	0.91	1.00	1.00	1.00	1.09	0.1188	2
P4	1.00	1.00	0.80	1.00	0.73	0.80	0.80	0.80	0.87	0.0950	7
P5	1.38	1.38	1.10	1.38	1.00	1.10	1.10	1.10	1.20	0.1308	1
P6	1.25	1.25	1.00	1.25	0.91	1.00	1.00	1.00	1.09	0.1188	2
P7	1.25	1.25	1.00	1.25	0.91	1.00	1.00	1.00	1.09	0.1188	2
P8	1.25	1.25	1.00	1.25	0.91	1.00	1.00	1.00	1.09	0.1188	2
P9	1.15	1.15	0.92	1.15	0.83	0.92	0.92	0.92	1.00	0.1091	6

最大特征根:l=9.003876;随机一致性比率:CR=3.3411485E-4

表 5-20 服务功能下的检索结果分析(C37)

C37	P1	P2	P3	P4	P5	P6	P7	P8	P9	W'37	排名
P1	1.00	1.00	0.48	0.46	0.60	0.79	0.91	0.91	0.87	0.0797	8
P2	1.00	1.00	0.48	0.46	0.60	0.79	0.91	0.91	0.87	0.0797	8
P3	2.09	2.09	1.00	0.96	1.26	1.66	1.90	1.90	1.82	0.1667	2
P4	2.18	2.18	1.04	1.00	1.32	1.73	1.99	1.99	1.90	0.1741	1
P5	1.66	1.66	0.79	0.76	1.00	1.32	1.51	1.51	1.44	0.1323	3
P6	1.26	1.26	0.60	0.58	0.76	1.00	1.15	1.15	1.10	0.1006	4
P7	1.10	1.10	0.53	0.50	0.66	0.87	1.00	1.00	0.96	0.0877	6
P8	1.10	1.10	0.53	0.50	0.66	0.87	1.00	1.00	0.96	0.0877	6
P9	1.15	1.15	0.55	0.53	0.69	0.91	1.04	1.04	1.00	0.0916	5

最大特征根:l=8.999679;随机一致性比率:CR=-2.7705883E-5

表 5-21 收费情况下的收费方式（C41）

C41	P1	P2	P3	P4	P5	P6	P7	P8	P9	W'41	排名
P1	1.00	1.00	0.92	1.00	0.92	1.00	1.00	0.92	1.00	0.1079	4
P2	1.00	1.00	0.92	1.00	0.92	1.00	1.00	0.92	1.00	0.1079	4
P3	1.09	1.09	1.00	1.09	1.00	1.09	1.09	1.00	1.09	0.1175	1
P4	1.00	1.00	0.92	1.00	0.92	1.00	1.00	0.92	1.00	0.1079	4
P5	1.09	1.09	1.00	1.09	1.00	1.09	1.09	1.00	1.09	0.1175	1
P6	1.00	1.00	0.92	1.00	0.92	1.00	1.00	0.92	1.00	0.1079	4
P7	1.00	1.00	0.92	1.00	0.92	1.00	1.00	0.92	1.00	0.1079	4
P8	1.09	1.09	1.00	1.09	1.00	1.09	1.09	1.00	1.09	0.1175	1
P9	1.00	1.00	0.92	1.00	0.92	1.00	1.00	0.92	1.00	0.1079	4

最大特征根：$l=9.005596$；随机一致性比率：$CR=4.8242765E-4$

表 5-22 收费情况下的价格高低（C42）

C42	P1	P2	P3	P4	P5	P6	P7	P8	P9	W'42	排名
P1	1.00	1.00	1.00	1.00	1.00	1.00	1.00	1.00	1.00	0.1111	1
P2	1.00	1.00	1.00	1.00	1.00	1.00	1.00	1.00	1.00	0.1111	1
P3	1.00	1.00	1.00	1.00	1.00	1.00	1.00	1.00	1.00	0.1111	1
P4	1.00	1.00	1.00	1.00	1.00	1.00	1.00	1.00	1.00	0.1111	1
P5	1.00	1.00	1.00	1.00	1.00	1.00	1.00	1.00	1.00	0.1111	1
P6	1.00	1.00	1.00	1.00	1.00	1.00	1.00	1.00	1.00	0.1111	1
P7	1.00	1.00	1.00	1.00	1.00	1.00	1.00	1.00	1.00	0.1111	1
P8	1.00	1.00	1.00	1.00	1.00	1.00	1.00	1.00	1.00	0.1111	1
P9	1.00	1.00	1.00	1.00	1.00	1.00	1.00	1.00	1.00	0.1111	1

最大特征根：$l=9.0$；随机一致性比率：$CR=0.0$

表 5-23 网络安全下的系统安全（C51）

C51	P1	P2	P3	P4	P5	P6	P7	P8	P9	W'51	排名
P1	1.00	1.00	1.00	1.00	1.00	1.00	1.00	1.00	1.00	0.1111	1
P2	1.00	1.00	1.00	1.00	1.00	1.00	1.00	1.00	1.00	0.1111	1
P3	1.00	1.00	1.00	1.00	1.00	1.00	1.00	1.00	1.00	0.1111	1
P4	1.00	1.00	1.00	1.00	1.00	1.00	1.00	1.00	1.00	0.1111	1
P5	1.00	1.00	1.00	1.00	1.00	1.00	1.00	1.00	1.00	0.1111	1
P6	1.00	1.00	1.00	1.00	1.00	1.00	1.00	1.00	1.00	0.1111	1
P7	1.00	1.00	1.00	1.00	1.00	1.00	1.00	1.00	1.00	0.1111	1
P8	1.00	1.00	1.00	1.00	1.00	1.00	1.00	1.00	1.00	0.1111	1
P9	1.00	1.00	1.00	1.00	1.00	1.00	1.00	1.00	1.00	0.1111	1

最大特征根：$l=9.0$；随机一致性比率：$CR=0.0$

表 5-24 网络安全下的用户信息安全（C52）

C52	P1	P2	P3	P4	P5	P6	P7	P8	P9	W'52	排名
P1	1.00	1.00	0.80	0.80	0.76	0.80	0.87	0.76	0.87	0.0936	8
P2	1.00	1.00	0.80	0.80	0.76	0.80	0.87	0.76	0.87	0.0936	8
P3	1.25	1.25	1.00	1.00	0.95	1.00	1.09	0.95	1.09	0.1171	3
P4	1.25	1.25	1.00	1.00	0.95	1.00	1.09	0.95	1.09	0.1171	3
P5	1.32	1.32	1.05	1.05	1.00	1.05	1.15	1.00	1.15	0.1233	1
P6	1.25	1.25	1.00	1.00	0.95	1.00	1.09	0.95	1.09	0.1171	3
P7	1.15	1.15	0.92	0.92	0.87	0.92	1.00	0.87	1.00	0.1075	6
P8	1.32	1.32	1.05	1.05	1.00	1.05	1.15	1.00	1.15	0.1233	1
P9	1.15	1.15	0.92	0.92	0.87	0.92	1.00	0.87	1.00	0.1075	6

最大特征根：$l=9.0020685$；随机一致性比率：$CR=1.7832065E-4$

（四）测评对象排序

1. 二级指标层次上的排序

根据表 5-3—表 5-24，已经针对 22 个二级指标（C11—C52）列出了 9 个网络数据库的排名，汇总后得到表 5-25，可以清楚地了解 9 个网络数据库在各二级指标上的优劣程度。

表 5-25 九个参评网络数据库的二级指标排名

Cij\Pi	P1	P2	P3	P4	P5	P6	P7	P8	P9
C11	5	6	3	2	1	9	7	3	8
C12	1	1	3	5	6	9	6	6	3
C13	6	6	1	3	5	6	4	6	2
C14	8	9	1	2	5	6	2	7	2
C15	4	4	1	3	8	6	7	8	1
C16	8	8	2	1	3	7	4	5	5
C21	6	6	1	8	1	4	8	4	1
C22	1	1	1	5	1	6	9	8	7
C23	8	9	1	2	4	5	6	3	6
C24	8	8	2	4	2	7	4	6	1
C25	7	5	7	6	1	2	2	2	9
C31	7	9	1	8	1	5	5	4	3
C32	8	5	3	3	1	2	7	5	8
C33	8	8	4	1	4	4	3	2	4
C34	1	3	7	9	8	2	6	4	4
C35	5	5	1	7	2	7	4	7	3
C36	7	7	2	7	1	2	2	2	6
C37	8	8	2	1	3	4	6	6	5
C41	4	4	1	4	1	4	4	1	4
C42	1	1	1	1	1	1	1	1	1
C51	1	1	1	1	1	1	1	1	1
C52	8	8	3	3	1	3	1	1	6

2. 一级指标层次上的排序

根据表 5-3—表 5-24,分别汇总 5 个一级指标(B1—B5)层内的实证测评权重集合,然后依据表 4-20 中各项指标的层内权重 Wij,将每个一级指标下的各项指标得分加权求和(此处利用 EXCEL 中的 SUMPRODUCT 函数计算,结果保留小数点后 4 位有效数字),计算出各一级指标的得分及排名。详见表 5-26—表 5-30

表 5-26 收录范围(B1)得分及排名情况

指标	W1j	P1	P2	P3	P4	P5	P6	P7	P8	P9
C11	0.2063	0.1088	0.1042	0.1197	0.1249	0.1373	0.0908	0.0998	0.1197	0.0947
C12	0.1907	0.1366	0.1366	0.1188	0.1138	0.0951	0.0902	0.0951	0.0951	0.1188
C13	0.1907	0.0971	0.0971	0.1470	0.1225	0.1022	0.0971	0.1116	0.0971	0.1281
C14	0.2063	0.0751	0.0716	0.1428	0.1301	0.1132	0.1083	0.1301	0.0988	0.1301
C15	0.1630	0.1133	0.1133	0.1360	0.1184	0.0860	0.1076	0.1033	0.0860	0.1360
C16	0.0430	0.0833	0.0833	0.1318	0.1735	0.1261	0.0870	0.1149	0.1001	0.1001
得分	1.0000	0.1046	0.1029	0.1327	0.1244	0.1087	0.0981	0.1086	0.1001	0.1199
排名		6	7	1	2	4	9	5	8	3

表 5-27 检索功能(B2)得分及排名情况

指标	W2j	P1	P2	P3	P4	P5	P6	P7	P8	P9
C21	0.2720	0.1058	0.1058	0.1216	0.1013	0.1216	0.1105	0.1013	0.1105	0.1216
C22	0.2942	0.1249	0.1249	0.1249	0.1136	0.1249	0.1087	0.0750	0.0989	0.1040
C23	0.0414	0.0851	0.0775	0.1691	0.1411	0.1172	0.0978	0.0890	0.1343	0.0890
C24	0.2942	0.0898	0.0898	0.1237	0.1133	0.1237	0.1031	0.1133	0.1076	0.1359
C25	0.0981	0.0984	0.1070	0.0984	0.1024	0.1353	0.1230	0.1230	0.1230	0.0894
得分	1.0000	0.1051	0.1056	0.1229	0.1102	0.1243	0.1085	0.0987	0.1084	0.1161
排名		8	7	2	4	1	5	9	6	3

表5-28　服务功能(B3)得分及排名情况

指标	W3j	P1	P2	P3	P4	P5	P6	P7	P8	P9
C31	0.2798	0.0845	0.0558	0.1680	0.0671	0.1680	0.0970	0.0970	0.1162	0.1464
C32	0.1091	0.0754	0.1086	0.1304	0.1304	0.1433	0.1371	0.0908	0.1086	0.0754
C33	0.0498	0.0926	0.0926	0.1007	0.1523	0.1007	0.1007	0.1270	0.1328	0.1007
C34	0.2798	0.1508	0.1315	0.0956	0.0792	0.0868	0.1372	0.0997	0.1096	0.1096
C35	0.1890	0.0996	0.0996	0.1571	0.0906	0.1370	0.0906	0.1039	0.0906	0.1309
C36	0.0426	0.0950	0.0950	0.1188	0.0950	0.1308	0.1188	0.1188	0.1188	0.1091
C37	0.0498	0.0797	0.0797	0.1667	0.1741	0.1323	0.1006	0.0877	0.0877	0.0916
得分	1.0000	0.1055	0.0957	0.1361	0.0926	0.1300	0.1127	0.1003	0.1082	0.1188
排名		6	8	1	9	2	4	7	5	3

表5-29　收费情况(B4)得分及排名情况

指标	W4j	P1	P2	P3	P4	P5	P6	P7	P8	P9
C41	0.4804	0.1079	0.1079	0.1175	0.1079	0.1175	0.1079	0.1079	0.1175	0.1079
C42	0.5196	0.1111	0.1111	0.1111	0.1111	0.1111	0.1111	0.1111	0.1111	0.1111
得分	1.0000	0.1096	0.1096	0.1142	0.1096	0.1142	0.1096	0.1096	0.1142	0.1096
排名		4	4	1	4	1	4	4	1	4

表5-30　网络安全(B5)得分及排名情况

指标	W5j	P1	P2	P3	P4	P5	P6	P7	P8	P9
C51	0.5585	0.1111	0.1111	0.1111	0.1111	0.1111	0.1111	0.1111	0.1111	0.1111
C52	0.4415	0.0936	0.0936	0.1171	0.1171	0.1233	0.1171	0.1075	0.1233	0.1075
得分	1.0000	0.1034	0.1034	0.1137	0.1137	0.1165	0.1137	0.1095	0.1165	0.1095
排名		8	8	3	3	1	3	6	1	6

根据表5-26—表5-30,汇总一级指标(B1—B5)的排名情况,得到表5-31。

表5-31　九个参评网络数据库的一级指标排名

Bi\Pi	P1	P2	P3	P4	P5	P6	P7	P8	P9
B1	6	7	1	2	4	9	5	8	3
B2	8	7	2	4	1	5	9	6	3
B3	6	8	1	9	2	4	7	5	3
B4	4	4	1	4	1	4	4	1	4
B5	8	8	3	3	1	3	6	1	6

3. 总体上的排序

根据表5-3—表5-24,汇总22个二级指标的实证测评权重集,然后依据表4.20中各指标在评价指标体系中的组合权重,将每个网络数据库的22项指标得分加权求和(此处可以利用EXCEL中的SUMPRODUCT函数计算,结果保留小数点后4位有效数字),计算出总体得分,详见表5-32

表5-32　九个网络数据库的测评总分

指标	Gij	P1	P2	P3	P4	P5	P6	P7	P8	P9
C11	0.0622	0.1088	0.1042	0.1197	0.1249	0.1373	0.0908	0.0998	0.1197	0.0947
C12	0.0575	0.1366	0.1366	0.1188	0.1138	0.0951	0.0902	0.0951	0.0951	0.1188
C13	0.0575	0.0971	0.0971	0.1470	0.1225	0.1022	0.0971	0.1116	0.0971	0.1281
C14	0.0622	0.0751	0.0716	0.1428	0.1301	0.1132	0.1083	0.1301	0.0988	0.1301
C15	0.0492	0.1133	0.1133	0.1360	0.1184	0.0860	0.1076	0.1033	0.0860	0.1360
C16	0.0130	0.0833	0.0833	0.1318	0.1735	0.1261	0.0870	0.1149	0.1001	0.1001
C21	0.0820	0.1058	0.1058	0.1216	0.1013	0.1216	0.1105	0.1013	0.1105	0.1216
C22	0.0887	0.1249	0.1249	0.1249	0.1136	0.1249	0.1087	0.0750	0.0989	0.1040
C23	0.0125	0.0851	0.0775	0.1691	0.1411	0.1172	0.0978	0.0890	0.1343	0.0890
C24	0.0887	0.0898	0.0898	0.1237	0.1133	0.1237	0.1031	0.1133	0.1076	0.1359
C25	0.0296	0.0984	0.1070	0.0984	0.1024	0.1353	0.1230	0.1230	0.1230	0.0894
C31	0.0722	0.0845	0.0558	0.1680	0.0671	0.1680	0.0970	0.0970	0.1162	0.1464
C32	0.0281	0.0754	0.1086	0.1304	0.1304	0.1433	0.1371	0.0908	0.1086	0.0754
C33	0.0128	0.0926	0.0926	0.1007	0.1523	0.1007	0.1007	0.1270	0.1328	0.1007

续表

指标	Gij	P1	P2	P3	P4	P5	P6	P7	P8	P9
C34	0.0722	0.1508	0.1315	0.0956	0.0792	0.0868	0.1372	0.0997	0.1096	0.1096
C35	0.0487	0.0996	0.0996	0.1571	0.0906	0.1370	0.0906	0.1039	0.0906	0.1309
C36	0.0110	0.0950	0.0950	0.1188	0.0950	0.1308	0.1188	0.1188	0.1188	0.1091
C37	0.0128	0.0797	0.0797	0.1667	0.1741	0.1323	0.1006	0.0877	0.0877	0.0916
C41	0.0221	0.1079	0.1079	0.1175	0.1079	0.1175	0.1079	0.1079	0.1175	0.1079
C42	0.0238	0.1111	0.1111	0.1111	0.1111	0.1111	0.1111	0.1111	0.1111	0.1111
C51	0.0519	0.1111	0.1111	0.1111	0.1111	0.1111	0.1111	0.1111	0.1111	0.1111
C52	0.0411	0.0936	0.0936	0.1171	0.1171	0.1233	0.1171	0.1075	0.1233	0.1075
总分	1.0000	0.1051	0.1022	0.1280	0.1102	0.1199	0.1070	0.1036	0.1068	0.1170
排名		7	9	1	4	2	5	8	6	3

根据表5-32里的总分,9个网络数据库的排名情况如下表5-33

表5-33 九个参评网络数据库的总排名

Pi	网络数据库名称	总分	排名
P3	SCI	0.1280	1
P5	ProQuest	0.1199	2
P9	Elsevier	0.1170	3
P4	EI	0.1102	4
P6	Blackwell	0.1070	5
P8	Wiley	0.1068	6
P1	CNKI	0.1051	7
P7	Springer	0.1036	8
P2	VIP	0.1022	9

三、实证分析结果说明

(一)二级指标层面上分析

根据表5-25汇总的9个网络数据库在每个二级指标上的排名情况,统计出每个网络数据库在22个指标上的排名分布情况,可以很清楚地看出 P3 和 P5 各有 11 项指标排名第一,全方位地体现出明显的优势(表5-34):

表5-34 测评对象在22个指标上获得的不同名次的个数

排名\P_i	P1	P2	P3	P4	P5	P6	P7	P8	P9
1	5	4	11	5	11	2	2	4	5
2	0	0	4	3	2	4	3	3	2
3	0	1	4	4	2	1	1	2	3
4	2	2	1	2	2	4	5	3	3
5	2	3	0	2	2	2	1	2	2
6	2	3	0	1	1	4	5	4	3
7	3	1	2	2	0	3	3	2	1
8	8	5	0	2	2	0	1	2	2
9	0	3	0	1	0	2	1	0	1

(二)一级指标层面上分析

根据表5-31汇总的一级指标排名结果:

从收录范围角度看,显然 SCI、EI、Elsevier 得分较高,而 Blackwell、Wiley、VIP、CNKI 得分较低,在收录范围方面9个网络数据库存在着明显差距,需要通过加快文献收集整理,加大文献回溯力度来缩短差距。

从检索功能角度看,ProQuest、SCI 得分较高,而 Springer、CNKI、VIP 得分较低。Springer、CNKI、VIP 在检索功能方面存在一定不足,需要加强检索系统功能的开发和提高。如:SCI 不仅能从引文方式检索,还可提供参考文献链接(Cited References)、被引次数链接(Times Cited)、相关记录链接(Related Records)来检索文献,为用户获取与当前文献相关的文献信息提供了很大方便。

从服务功能角度看,得分较高的是 SCI、ProQuest,相对而言,VIP、EI 在服务功能方面得分偏低,有待于加强。值得一提的是 SCI 的分析功能很有特色:系统提供了作者(author)、国别(country/territory)、文献类型(document type)、机构名称(institution name)、语种(language)、出版年代(publication year)、刊物名称(source title)及学科类别(subject category)八个项目对检索结果进行分析。分析数据上限(analyze)可以达到 10 万条,并能调整数据显示范围(set display options)和排序方式(sort by)。SCI 还提供"Citation Report"功能,以图文方式揭示 Published items in each year、Citations in each year。

收费情况的二级指标价格高低,由于受到多方面因素影响,且该项指标不具备量化可比性,在实际测评过程中是采用了统一分数,对整体的评分结果没有影响。所以该项得分实际反映的是收费方式,SCI、ProQuest、Wiley 得分较高,而其他网络数据库此项得分较低,在收费方式上可以相互补充借鉴,以用户为中心,完善收费管理模式。

在网络安全方面,因为系统安全指标不易获取,在测评的过程中也是采取了统一打分,这里反映出来的是用户信息安全指标情况。显然 ProQuest、Wiley 得分较高,而 CNKI、VIP 得分较低,无论用户还是网站自身,信息安全都是一个非常重要的环节,是网络数据库稳定提供有效服务的基础。

(三) 总体上分析

根据表 5-33 中的排序结果,SCI 排名第一,说明 SCI 在总体上各方面表现不俗。在一级指标层面上收录范围、服务功能、收费情况方面都排名第一,在检索功能和网站安全方面也名列前茅;二级层面上名列第一的有 11 项,排名前 3 的有 19 项之多。

ProQuest 以其检索功能方面第一的得分,确保了总体表现位居第二。这也说明,对于网络数据库而言,检索功能是用户和数据库建设者都需要关注的重点。

Elsevier 在二级指标来源文献全面性、检索方式、检索效率方面获得了排名第一的好成绩,从而获得总体上比较优秀的评价。作为著名出版商的 ELSEVIER 公司,其麾下网络数据库在总体上有着显著优势。

VIP、Springer、CNKI 排名偏后,主要是在收录范围、检索功能、服务功能上的得分普遍较低。事实上这几个网络数据库的建设发展已经比较成熟,在商业竞争中也都取得一定的地位,但是由于本次实测对象都是著名网络数据库,所以在此没有明显优势。因此从著名网络数据库的层次上看,还需要不断加大数据库内容建设力度和强化数据库的检索功能。

从各层面的排序上我们可以看出,9 个网络数据库各有其特点(表 5 – 33、表 5 – 34)。有的网络数据库在收录范围方面得分较高,有的在检索功能方面略胜一筹,9 个被调查和评估的网络数据库各有优势所在。总体来讲,国外的网络数据库得分较高,排名较前。国外计算机网络化技术先进,硬件基础好等客观条件,都为网络数据库的建设发展提供了保障,而且国外网络数据库建设开展得较早,技术上也比较成熟。国内本身在计算机和网络化的进程中已经落后于国外,近些年来在国家的重视和大力扶持下,硬件设施有了长足发展,网络数据库的建设也有了很大成就,但是与国外相比还有不小的差距,需要坚持不懈地加大建设力度,进一步提高我国网络数据库的发展水平。

第六章 结论与展望

一、结　论

本文对网络数据库评价指标体系的建立做出了积极探索研究,评价指标设置上经过了充分的文献调研和专家调查,使评价指标体系更具通用性和权威性,从收录范围、检索功能、服务功能、收费情况和网站安全五个角度入手对网络数据库进行研究评价。结合运用特尔菲专家调查法和层次分析法,来确定各评价指标的权重值,使评价指标权重的确定更具科学客观性,减少了主观随意性,最终得出完整的网络数据库评价指标体系。

依据建立的"网络数据库评价指标体系",选取了九个网络数据库进行实证分析,既是对"网络数据库评价指标体系"科学性的验证,也是对目前常用网络数据库进行一次综合性的测评,从测评结果中发现问题,据此为我国网络数据库建设发展提出针对性的建议:

1. 积极开发建设实际利用价值高、面向社会公众服务的事实性动态数据库。重视维护、改造、整合现有网络数据库,提高网络数据库的开发规模和服务水平。

2. 检索系统开发需要整合智能检索技术,真正实现基于内容特征的信息检索。

3. 重视网络数据库的二次开发,并为用户提供适当的知识发现手段,提高资源建设的效率和网络数据库的利用率;

4. 充分汲取国外网络数据库开发建设经验,逐步缩小国内外差距。

从网络数据库评价指标体系的建立及实证分析结果可以看出,对网络数据库的评价要用系统的角度去分析,发现解决网络数据库建设及运行中存在的问题,促进网络数据库的建设发展。在实际应用中,该项研究成果可用于科学评价网络数据库的建设水平,为网络数据库的建设发展提供决策依据。期望网络数据库评价指标体系的研究成果,能从理论上指导和促进我国网络数据库建设的健康发展,为网络数据库评价提供一种新思路。同时在不断的实践过程中推动图书馆资源建设与评价这一重要课题的深入研究,进一步丰富和发展网络信息资源评价理论与方法。

附:高校图书馆网络数据库评价研究成果

(一)网络数据库评价指标体系构建

【摘要】本文针对网络数据库这种重要的网络信息资源,利用定性与定量相结合的方法,建立起一套客观、科学、合理的综合性评价指标体系。采用网上特尔菲法和基于指数标度的层次分析法,建立判断矩阵的过程中,采用"等差分级、等比赋值"的指数标度取代 1—9 标度系统,获得非常满意的一致性检验结果。

【关键词】网络数据库;评价指标体系;特尔菲法;层次分析法;指数标度

1. 引言

互联网的迅猛发展大大拓宽了人们获取知识和信息的领域,为信息用户构建了一个巨大无比的信息平台,但由于网络的开放性、自由度和共享性等特点,网上各类信息超速膨胀,带来信息查询、信息筛选和信息质量控制等问题的日益突显。而网络数据库资源由于其有信息容量大、学术性强、参考价值高的特点,并且能够提供二次文献和一次文献的联结,在组织形式和使用方法上具有极大的优势,日益成为网络信息资源建设中的首选。

因此建立科学合理并且适用性强的网络数据库评价指标体系刻不容缓、意义重大。这不仅有助于对现有的网络数据库进行评估,而且可以从网络信息资源的角度指导网络数据库的建设和不断改进。在实践意义上,对网络数据库评价的研究可以对网络数据库这种网络信息资源的质量控制提供帮助,也可为用户在网络数据库的利用方面提供指导,是用户和网络数据库发展的共同需求。网络数据库评价指标体系的建立将为网络数据库的评估提供一套切实可行、科学合理的方法。

2. 网络数据库评价指标的建立

本文研究过程中采用了文献调研法、网上减轮特尔菲专家调查法、指数标度改造的层次分析法,具体实施时充分利用计算机和网络技术,借助于国家信息资源管理南京研究基地网站,建立专门的调查网页[1]。对调查数据进行自动采集、统计和处理,并自动反馈、发布,最大限度地缩短了调查周期,提高了调查效率。

(1) 网上特尔菲法

经典的特尔菲专家调查法包括四轮调查,本文研究过程中,在做了大量文献调研及分析的基础上,将调研成果直接体现到第一轮调查表中,实际采用的是减轮特尔菲法。

特尔菲法要求选择专家一般为10—20人,但涉及重大问题可以扩大,既可以起到集思广益的作用,又比较利于组织。本文研究课题涉及评价类型较多,选择了31位专家作为调查对象,其中28位做了有效应答,符合特尔菲法的人数要求。

应答率和积极系数常用于衡量调查的科学性,本次调查中,31位专家中的28位对所有的问题都做了有效应答,因此积极系数与应答率相同,都为 $28 \div 31 \times 100\% = 90.32\%$,由此可知本次调查的预测结果可信度是较高的。

本次研究确定出的专家是按照本领域、相关领域、管理专家各占一定比例,且具有副教授以上职称,在核心期刊上发表过相关文章,兼顾考虑了专家所在机构进行筛选的。专家所在机构类型及人数分布情况为:大学院系所19名,大学图书馆3名,政府相关部门6名。专家性质及人数分布情况为:相关专家10名,专门专家10名,管理专家8名。

综上所述,通过对专家人数、应答率、积极系数、专业背景等指标的考察,可知本次调查结果具有较高可信度,从而保障了通过该调查确定的评价指标体系的可靠性和科学性[2]。

① 问卷调查表的设计

第一轮问卷调查表的设计是在对大量中外文献调研的基础上,充分考虑了网络数据库这种独特网络信息资源自身的特点,并涉及网络数据库建设和利用的各个方面,以便引导专家顺利完成问卷调查。对指标的相对重要性评分,采用5分制(5-非常重要,4-比较重要,3-一般重要,2-比较不重要,1-不重要)。调查表中另设栏目:课题调查表说明、各级指标名称及说明、相对重要性评分,以及预留给专家提出建议及情况说明。

上一轮调查结果汇总分析后,对评价指标体系进行修订,形成下一轮调查表主体,同时在调查表中将上一轮调查结果反馈出来,供专家在下一轮评分时参考。每轮调查都是一个螺旋上升的过程,每循环和反馈一次,专家都吸收了新的信息,并对预测问题有了更深刻,更全面的认识,预测结果的精确性也逐轮提高。

② 调查结果数据处理

经过三轮调查后,专家意见趋于稳定,最终确定网络数据库评价的各级指标及满分频率。(本文涉及统计和计算的过程,全部采用Java编程,

后台自动处理结果,并在网页上发布)

表 6-1 网络数据库各级指标的满分频率

一级指标 (Bi)	一级指标 满分频率	二级指标 (Cij)	二级指标 满分频率
B1:收录范围	96.43%	C11:年度跨度	96.43%
		C12:更新频率	92.86%
		C13:来源文献数量	92.86%
		C14:来源文献质量	96.43%
		C15:来源文献的全面性	85.71%
		C16:特色收藏	25.00%
B2:检索功能	96.43%	C21:检索方式	96.43%
		C22:检索入口	100.00%
		C23:结果处理	10.71%
		C24:检索效率	100.00%
		C25:检索界面	50.00%
B3:服务功能	89.29%	C31:资源整合	92.86%
		C32:个性化服务	50.00%
		C33:交互功能	14.29%
		C34:全文提供服务	92.86%
		C35:链接功能	75.00%
		C36:离线配套服务	7.14%
		C37:检索结果分析	14.29%
B4:收费情况	10.71%	C41:收费方式	21.43%
		C42:价格高低	25.00%
B5:网络安全	42.86%	C51:系统安全	53.57%
		C52:用户信息安全	42.86%

(2)层次分析法

由于层次分析法(Analytic Hierarchy Process,简称:AHP)在解决多目标决策问题方面具有比其他方法简便实用的特点,特别适合处理社会经济系统中难以完全定量的复杂问题。

①确定标度系统

传统层次分析法运用1—9的比例标度来建立判断矩阵,存在着较大主观性的缺点。根据吕跃进教授做的相关研究,从标度运算封闭性、构造一致判断矩阵的能力、标度值与重要性程度等级的对应方式和排序方法的协调、重要性量化、思维判断一致性与矩阵一致性关系等各个方面考察标度系统(包括1—9标度、指数标度、分数标度等),得出的结论是:指数标度系统具有良好数学结构,是唯一满足全部指标要求、与实际排序相符的优秀标度[3][4][5]。因此,本文在层次分析法的应用中,舍弃1—9标度系统,采用了更科学合理的指数标度系统 a^n($n=0—8, a=1.316$)来构造判断矩阵。

②建立判断矩阵

由于满分频率是指对某指标给满分的专家数与对该指标做出评价的专家总数之比。其值越大,表明对某指标给满分的专家人数相对越多,即该指标相对重要性越大。在考查了专家评价变异系数的基础上,最终确定可以采用满分频率来计算权重。

本文采用"等差分级,等比赋值"的指数标度系统,对同层指标的满分频率进行两两比较,建立相对应的判断矩阵。在指数标度法应用中,已将1-9标度数转化为指数标度,同时为了在权重确定上完全使用客观数值,n值也采用了一种"绝对标度法"来计算,即:对于任意同级的两个指标 i 和 j,若满分频率分别为 x 和 y,可将满分频率总量定为100,分为8个等分,每一个等分为 $100/8=12.5$,即以12.5作为绝对比较标度,则指标 i 相对于指标 j 的相对重要程度计算公式为:

$$a_{ij} = a^{(x-y)/(100/8)} = a^{(x-y)/12.5} = 1.316^{(x-y)/12.5} \tag{1}$$

根据表6-1,按式1对满分频率进行两两比较,计算出相对重要程度,由此构建出1个一级指标判断矩阵,以及5个层内二级指标的判断矩阵。

③计算权重和一致性校验

判断矩阵得到后,即可对判断矩阵的最大特征根对应的特征向量进行计算,用层次分析法来计算指标权重。本文采用方根法计算判断矩阵最大特征根,若定义 a_{mn} 为 k 阶判断矩阵中的第 m 行第 n 列元素,则有具体计算步骤如下:

a. 计算判断矩阵中每一行元素的乘积 M_m:

$$M_m = \prod_{n=1}^{k} a_{mn} \quad ,m = 1,2,\cdots k \text{;} k \text{ 为判断矩阵的阶数} \quad (2)$$

b. 计算 M_m 的 k 次方根 $\overline{W_m}$:

$$\overline{W_m} = \sqrt[k]{M_m} \quad ,m = 1,2,\cdots k \text{;} k \text{ 为判断矩阵的阶数} \quad (3)$$

c. 对向量 $\overline{W} = (\overline{W_1}, \overline{W_2}, \cdots \overline{W_k})^T$ 归一化,即:

$$W_m = \frac{\overline{W_m}}{\sum_{m=1}^{k} \overline{W_m}} \quad ,m = 1,2,\cdots k \text{;} k \text{ 为判断矩阵的阶数} \quad (4)$$

则 $W = (W_1, W_2, \cdots, W_k)^T$ 即为所求的特征向量。

d. 计算判断矩阵的最大特征根:

$$\lambda_{max} = \sum_{m=1}^{k} \frac{(AW)_m}{kW_m} ,m = 1,2,\cdots k \text{;} k \text{ 为判断矩阵的阶数} \quad (5)$$

式中,$(AW)_m$ 表示向量 (AW) 的第 m 个分量。

e. 一致性检验

由于客观事物的复杂性或对事物认识的片面性,通过所构造的判断矩阵求出的特征向量(权重)是否合理,需要进行一致性和随机性检验,CR 值的计算公式如下:

$$CR = CI/RI \quad (6)$$

$$CI = \frac{1}{k-1}(\lambda_{max} - k) \quad (7)$$

其中,CI 为判断矩阵一致性指标,λ_{max} 为最大特征根;k 为判断矩阵阶数;RI 为判断矩阵的平均随机一致性指标(表6-2)

表 6-2 平均随机一致性指标值对照表（M 为阶数）

M	1	2	3	4	5	6	7	8	9	10	11
RI	0.00	0.00	0.58	0.90	1.12	1.24	1.32	1.41	1.45	1.49	1.51

当 CR<0.1 时,即认为判断矩阵具有满意的一致性,说明权重分配是合理的;否则,就需要调整判断矩阵,直到取得满意的一致性为止。

根据表 6-1,按上述计算过程(式1—式7)可得出一级指标权重,以及最大特征根和随机一致性比率,见表 6-3:

表 6-3 网络数据库一级评价指标权重表

一级指标	权重
收录范围	0.301640
检索功能	0.301640
服务功能	0.257851
收费情况	0.045886
网络安全	0.092983
λ_{max}	5.000000
CR	0.000000

同样,可以根据 5 个层内二级指标来判断矩阵,分别计算权重和进行一致性校验,见表 6-4:

表 6-4 网络数据库二级评价指标权重表

Cij	收录范围(C1j)	检索功能(C2j)	服务功能(C3j)	收费情况(C4j)	网络安全(C5j)
Ci1	0.206290	0.272043	0.279829	0.480404	0.558549
Ci2	0.190730	0.294236	0.109141	0.519596	0.441451
Ci3	0.190730	0.041384	0.049808	—	—
Ci4	0.206290	0.294236	0.279829	—	—

85

续表

Cij	收录范围 （C1j）	检索功能 （C2j）	服务功能 （C3j）	收费情况 （C4j）	网络安全 （C5j）
Ci5	0.163006	0.098101	0.189017	—	—
Ci6	0.042954	—	0.042568	—	—
Ci7	—	—	0.049808	—	—
λ_{max}	6.000000	5.000000	7.000000	2.000000	2.000000
CR	0.000000	0.000000	0.000000	0.000000	0.000000

以上计算结果保留小数点后6位有效数字，CR值显然都是趋近于0值，具有非常满意的一致性。

（3）构建网络数据库指标体系

根据式表6-3—表6-4，可得出组合权重值，并由此构建完整的网络数据库指标权重体系，见表6-5：

表6-5　网络数据库评价指标权重体系及总排名

一级指标 （B_i）	一级权重 （W_i）	二级指标 （C_{ij}）	层内权重 （W_{ij}）	组合权重 （$G_{ij}=W_i \times W_{ij}$）	组合权重排名
收录范围	0.3016	年度跨度	0.2063	0.0622	6
		更新频率	0.1907	0.0575	8
		来源文献数量	0.1907	0.0575	8
		来源文献质量	0.2063	0.0622	6
		来源文献的全面性	0.1630	0.0492	11
		特色收藏	0.0430	0.0130	18
检索功能	0.3016	检索方式	0.2720	0.0820	3
		检索入口	0.2942	0.0887	1
		结果处理	0.0414	0.0125	21
		检索效率	0.2942	0.0887	1
		检索界面	0.0981	0.0296	14

续表

一级指标 (B_i)	一级权重 (W_i)	二级指标 (C_{ij})	层内权重 (W_{ij})	组合权重 ($G_{ij} = W_i \times W_{ij}$)	组合权重排名
服务功能	0.2579	资源整合	0.2798	0.0722	4
		个性化服务	0.1091	0.0281	15
		交互功能	0.0498	0.0128	19
		全文提供服务	0.2798	0.0722	4
		链接功能	0.1890	0.0487	12
		离线配套服务	0.0426	0.0110	22
		检索结果分析	0.0498	0.0128	19
收费情况	0.0459	收费方式	0.4804	0.0221	17
		价格高低	0.5196	0.0238	16
网络安全	0.0930	系统安全	0.5585	0.0519	10
		用户信息安全	0.4415	0.0411	13

注:权重结果保留小数点后4位有效数字;总排序排名为第1,4,6,8,19的指标各有两个。

3. 网络数据库评价指标体系说明

根据表6-5可知,本文构建的网络数据库评价指标体系,一级指标中"收录范围"和"检索功能"组合权重并列排名第一,并且两者权重之和超出了总数的五分之三强,显然在网络数据库评价中最重要的指标是收录内容及对内容的检索,最为用户关注。

从二级指标的组合权重总排序来看,排在前三位的都是来自一级指标检索功能(检索入口与检索效率并列第1,检索方式位列第3),这与用户使用过程中对检索功能的多样性需求是相符的,如何方便快捷地从网络数据库中获得有用信息,是用户最关心的问题;除此之外,资源整合、全文提供服务、年度跨度、来源文献质量、更新频率、来源文献数量的权重也依次位于较高之列,这说明用户在关心能否方便快捷地检索所需信息的同时,也高度关注着网络数据库本身拥有的信息内容及潜在拥有信息内容的能力。

在系统安全、来源文献的全面性、链接功能、用户信息安全方面的组合权重比较接近，排名都处于中等位置。直觉上安全因素非常重要，但由于不是用户的直接需求，这些指标的权重值不是很高，处于中等重要位置。

组合权重偏低、排名靠后的依次是：检索界面、个性化服务、价格高低、收费方式、特色收藏、交互功能、检索结果分析、结果处理、离线配套服务，这些指标的组合权重相对而言小得多，基本上符合网络数据库自身的特点。

4. 结束语

本文在做了充分调研工作的基础上，对传统的评价指标体系构建方法做了大胆改进和调整，具有以下创新点：

充分利用了计算机和网络技术，采用网上问卷方式，实时自动反馈统计数据，网页后台编程处理调查结果，最大限度地缩短了调查周期，节约了研究成本。

运用减轮特尔菲法进行网上专家问卷调查，汇集了该领域各方面专家的意见和建议，并最终经过专家调查确定出完整的评价指标体系，具有较高的科学性和权威性。

运用层次分析法建立指标权重体系的过程中，采用更加科学合理的"等差分级、等比赋值"的指数标度系统来建立判断矩阵，获得非常满意的一致性检验结果。

本文构建的网络数据库评价指标体系，既汇集了众多专家的意见和建议，又有严格的数学计算和检验作为保障，具有较高的科学性、合理性和可靠性。据此可以对现有网络数据库的总体优劣程度进行科学评估，并可针对网络数据库某个具体方面进行对比。在网络数据库的建设过程中，该指标体系还可用于评估网络数据库的各个侧面，依据评估数据，优化资源配置方案，使网络数据库的建设和使用达到最佳效果。

网络数据库作为非常重要的一种网络信息资源,对其建立合理科学的评价指标体系是对网络信息资源评价理论和实践上的发展。本文建立的网络数据库评价指标体系成果必将丰富和拓展网络信息资源评价的理论。

【参考文献】

[1]国家信息资源管理南京研究基地.网络数据库评价指标体系调查[EB/OL].[2006-12-26]. http://irm.nju.edu.cn/question

[2]朱庆华.信息分析:基础、方法及应用[M].北京:科学出版社,2004.74-88.

[3]吕跃进,张维.指数标度在AHP标度系统中的重要作用[J].系统工程学报,2003,18(5):452-456.

[4]吕跃进,张维,曾雪兰.指数标度与1-9标度互不相容及其比较研究[J].工程数学学报,2003,20(8):77-81.

[5]吕跃进.层次分析法标度系统评价研究[M]//决策科学理论与方法.北京:海洋出版社,2001.50-57.

(二)国内外网络数据库测评

【摘要】本文作为国家社会科学基金资助项目"网络信息资源评价指标体系的建立与测定"的研究成果之一,依据"网络数据库评价指标体系",针对9个网络数据库进行测评分析,并根据测评结果对网络数据库的建设发展提出改进意见。

【关键词】网络数据库;评价指标体系;层次分析法;指数标度

1. 引言

网络数据库资源具有信息容量大、内容更新及时、文献来源权威、学术性强、参考价值高、检索功能强大等特点,在组织形式和使用方法上也具有极大的优势,日益成为网络信息资源建设中的首选,国内外各大高校及科研机构争相花巨资购买。在数据库购买过程中,人们也逐渐发现,有的数据库物超所值,也有的利用率不高,或者遇到服务功能差、非专业人士无法利用等情况。因此作为一种重要的网络信息资源,网络数据库需要进行比较评价,以便对网络数据库的建设起到正确的引导作用,促进网络数据库资源得以最大化利用。

本文依据国家社会科学基金资助项目(04BTQ023)"网络信息资源评价指标体系的建立和测定"课题研究成果之一:网络数据库评价指标体系[1],选取当前国内各大高校广泛购买的9个中西文数据库来进行调查,运用指数标度改造的层次分析法进行测评分析,既是对9个数据库优劣程度的测评,也是对"网络数据库评价指标体系"的实践验证。

2. 网络数据库测评方法

(1)评价指标体系

本文依据"网络数据库评价指标体系"(表6-6)设计调查问卷,并采用E-mail方式发放问卷调查表,从问卷调查结果中获取测评对象在每个指标上的平均得分。在对测评对象最终总得分的计算过程中,本文未选用简单的平均得分加权求和法,而是采用了全新的指数标度系统来构造平均得分的判断矩阵,利用层次分析法(AHP)进行实证测评分析。

表6-6 网络数据库评价指标体系

一级指标 (B_i)	一级权重 (W_i)	二级指标 (C_{ij})	二级权重 (W_{ij})	组合权重 (G_{ij})
收录范围	0.3016	年度跨度	0.2063	0.0622
		更新频率	0.1907	0.0575
		来源文献数量	0.1907	0.0575
		来源文献质量	0.2063	0.0622
		来源文献的全面性	0.1630	0.0492
		特色收藏	0.0430	0.0130

续表

一级指标 （B_i）	一级权重 （W_i）	二级指标 （C_{ij}）	二级权重 （W_{ij}）	组合权重 （G_{ij}）
检索功能	0.3016	检索方式	0.2720	0.0820
		检索入口	0.2942	0.0887
		结果处理	0.0414	0.0125
		检索效率	0.2942	0.0887
		检索界面	0.0981	0.0296
服务功能	0.2579	资源整合	0.2798	0.0722
		个性化服务	0.1091	0.0281
		交互功能	0.0498	0.0128
		全文提供服务	0.2798	0.0722
		链接功能	0.1890	0.0487
		离线配套服务	0.0426	0.0110
		检索结果分析	0.0498	0.0128
收费情况	0.0459	收费方式	0.4804	0.0221
		价格高低	0.5196	0.0238
网络安全	0.0930	系统安全	0.5585	0.0519
		用户信息安全	0.4415	0.0411

（2）测评对象

考虑到很多网络数据库对用户设置了使用权限，而问卷调查必须建立在使用的基础上，所以本次问卷调查选定的测评对象，限定于南京大学图书馆购买了使用权的中外文数据库。这些数据库虽然是限定在南京大学范围，但大多是通过CALIS或其他区域性机构集体组团采购，在国内高校中已被广泛使用，具有相当高的普遍性，详见南京大学图书馆主页上的"引进资源"[2]。

心理学研究表明，在同时进行比较的对象不超过（7±2）的情况下，人的判断具有良好的一致性[3]，因此综合考虑到文献语种、文献类型、下

载总量、单篇下载成本价格等因素,本文最终选定9个网络数据库作为测评对象,见表6-7:

表6-7 网络数据库测评对象

编号	名称	网络数据库网址
P1	CNKI	http://202.119.47.27/kns50/
P2	VIP	http://202.119.47.6
P3	SCI	http://portal.isiknowledge.com/portal.cgi?DestApp = WOS&Func = Frame
P4	EI	http://www.engineeringvillage2.org.cn/
P5	ProQuest	http://proquest.calis.edu.cn/umi/index.jsp
P6	Blackwell	http://www.blackwell-synergy.com/
P7	Springer	http://springer.lib.tsinghua.edu.cn/home/main.mpx
P8	Wiley	http://www.interscience.wiley.com/
P9	Elsevier	http://www.sciencedirect.com/

(3)AHP构建递阶层次结构

根据表6-6、表6-7,将网络数据库评价作为最高层目标层(A层),网络数据库评价的一级指标作为准则层(B层),二级指标作为子准则层(C层)。网络数据库作为测评对象,称为方案层(P层)。5个一级指标依次标示为B1—B5,22个二级指标依次标示为C11—C16,C21—C25,…,C51—C52。九个网络数据库依次标示为P1—P10,建立递阶层次结构如图6-1。

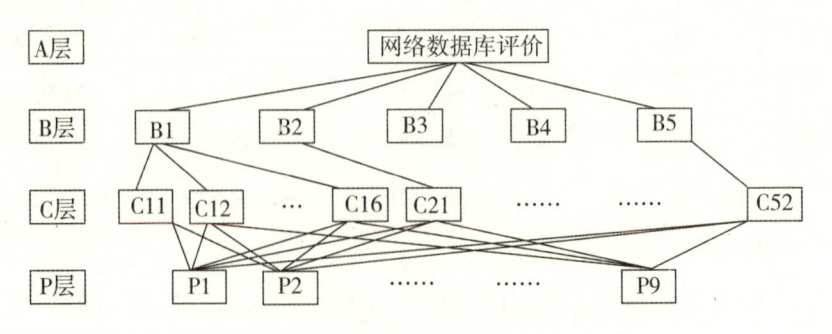

图6-1 网络数据库评价递阶层次结构图

(4)问卷调查者

本文测评问卷调查表内容主要根据网络数据库评价指标体系(表6-6)来设计,要回答这些较为专业的问卷内容,显然需要问卷调查者具备一定专业素质和相关知识结构背景,对所调查的问题具备实际使用的经验,同时应该具有充足的应答时间和责任感。由于调查问卷内容比较深入,需要问卷调查者花费较多的时间和精力,大范围的发放问卷调查表,可能会造成问卷回收率、有效应答率过低,导致问卷调查可信度不高,调查结果不具备科学性。根据本次调查的目的和性质,综合考虑到参加测评的网络数据库大都有使用权限设置,所有问卷调查者必须拥有使用测评对象的权限,因而最终确定以南京大学信息管理系12位硕、博士研究生为问卷调查对象,发放了问卷调查表,并全部得以及时回收。回收的12份问卷调查表均为有效应答,应答率和积极系数都达到了100%,保证了问卷结果具有很高的可信度,是对测评结果客观真实和科学可靠的有力保障。

3. 网络数据库测评步骤

(1)设计调查问卷

调查问卷主要依据网络数据库评价指标(表6-6)来设计,由问卷说明、指标说明、评分说明和正文部分组成,正文含四张调查表:收录范围、检索功能、服务功能各占一张表格,收费情况和网络安全的二级指标比较少,合并成一张表格。评分标准:采用5分制,用以评价网络数据库某项指标的优劣情况,分数从低到高依次表示(1—很差; 2—较差; 3——一般; 4—比较好; 5—非常好)。

(2)调查数据统计

在实际调查中发现"收费情况"下的二级指标"价格高低",该项指标不具备可比性。外文数据库明显高于中文数据库,并且收费形式多样,受到个人卡号、单位卡号、流量、篇数、包库、并发端口数、数据库范围等等影响,获取到的价格信息之间无法比较,鉴于各评估对象都是在市场上经历多年竞争,价格在市场经济调节下应该已得到平衡,所以该项指标统一被预设为默认分数(4分);另外,"网站安全"下的二级指标"系统安全"在本次调查中无法获取,考虑到评估对象都已比较成熟,在网站系统方面应该都有比较完善的安全措施,所以也为该项指标统一预设了默认分数(4分)。通过这样的预处理,保证了网络数据库评价指标体系的完整性,同时,也避免了这两项指标对本次评价目标的排序产生影响。

根据12份回收调查问卷,对9个网络数据库的22项指标进行平均分统计,可得表6-8:

表6-8 网络数据库测评平均分统计表

$C_{ij} \backslash P_i$	P1	P2	P3	P4	P5	P6	P7	P8	P9
C11	4.33	4.25	4.50	4.58	4.75	4.00	4.17	4.50	4.08
C12	4.83	4.83	4.58	4.50	4.17	4.08	4.17	4.17	4.58
C13	4.08	4.08	4.83	4.50	4.17	4.08	4.33	4.08	4.58
C14	3.75	3.67	4.92	4.75	4.50	4.42	4.75	4.25	4.75
C15	4.42	4.42	4.75	4.50	3.92	4.33	4.25	3.92	4.75
C16	3.25	3.25	4.08	4.58	4.00	3.33	3.83	3.58	3.58
C21	4.75	4.75	5.00	4.67	5.00	4.83	4.67	4.83	5.00
C22	5.00	5.00	5.00	4.83	5.00	4.75	4.08	4.58	4.67
C23	3.75	3.58	5.00	4.67	4.33	4.00	3.83	4.58	3.83
C24	4.00	4.00	4.58	4.42	4.58	4.25	4.42	4.33	4.75
C25	4.42	4.58	4.42	4.50	5.00	4.83	4.83	4.83	4.25
C31	3.75	3.00	5.00	3.33	5.00	4.00	4.00	4.33	4.75
C32	3.08	3.75	4.08	4.08	4.25	4.17	3.42	3.75	3.08
C33	3.67	3.67	3.83	4.58	3.83	3.83	4.25	4.33	3.83
C34	5.00	4.75	4.17	3.83	4.00	4.83	4.25	4.42	4.42
C35	4.17	4.17	5.00	4.00	4.75	4.00	4.25	4.00	4.67
C36	3.17	3.17	3.58	3.17	3.75	3.58	3.58	3.58	3.42
C37	2.83	2.83	4.17	4.25	3.75	3.25	3.00	3.00	3.08

续表

$C_{ij}\backslash P_i$	P1	P2	P3	P4	P5	P6	P7	P8	P9
C41	4.17	4.17	4.33	4.17	4.33	4.17	4.17	4.33	4.17
C42	4.00	4.00	4.00	4.00	4.00	4.00	4.00	4.00	4.00
C51	4.00	4.00	4.00	4.00	4.00	4.00	4.00	4.00	4.00
C52	3.92	3.92	4.33	4.33	4.42	4.33	4.17	4.42	4.17

注：C11—C52依次对应的是22个二级指标，P1—P9依次对应的是9个被评估的网络数据库

（3）层次分析法计算

根据广西大学吕跃进教授做的研究，从标度运算封闭性、构造一致判断矩阵的能力、标度值与重要性程度等级的对应方式和排序方法的协调、重要性量化、思维判断一致性与矩阵一致性关系等各个方面考察标度系统（包括1—9标度、指数标度、分数标度等），得出的结论是：指数标度系统是唯一满足全部指标要求的标度，具有良好数学结构的与实际排序相符的优秀标度[4][5][6]。因此，在层次分析法的应用中，采用更加科学合理的指数标度系统 a^n（n=0~8，a=1.316）来建立判断矩阵，以各指标的平均得分为依据，取值范围为1—5。因此，针对评价指标体系的某一项指标 C_{ij}，若有网络数据库 P_m 平均得分为 x，P_n 平均得分为 y，则 P_m 相对于 P_n 在指标 C_{ij} 上的优劣程度计算公式为：

$$a_{mn} = a^{(x-y)/((5-1)/8)} = a^{(x-y)/0.5} = a^{2(x-y)}, \quad m,n=1,2,\cdots,9 \quad (1)$$

根据表6-8平均得分，用图2方案层的网络数据库集合P（P1，P2，……，P9），针对准则层的22个评价指标集合（C11，C12，…，C16，C21，…，C52），分别构造对应于22个指标的平均得分判断矩阵，计算出最大特征根和随机一致性比率，得出对应22个指标的特征向量（W'_{ij}），每个特征向量是9个网络数据库在相应指标上的权重集合，即优劣程度。本文具体的计算过程采用了Java编程实现。

（4）测评对象排序

①二级指标层次上的排序

根据上述针对 22 个二级指标（C11—C52）分别构建的判断矩阵，利用指数标度改造的层次分析法，分别计算出 9 个网络数据库在各指标上的优劣程度排名[7]，汇总后得到表 6-9：

表 6-9　九个参评网络数据库的二级指标排名

$C_{ij}\backslash\backslash P_i$	P1	P2	P3	P4	P5	P6	P7	P8	P9
C11	5	6	3	2	1	9	7	3	8
C12	1	1	3	5	6	9	6	6	3
C13	6	6	1	3	5	6	4	6	2
C14	8	9	1	2	5	6	2	7	2
C15	4	4	1	3	8	6	7	8	1
C16	8	8	2	1	3	7	4	5	5
C21	6	6	1	8	1	4	8	4	1
C22	1	1	1	5	1	6	9	8	7
C23	8	9	1	2	4	5	6	3	6
C24	8	8	2	4	2	7	4	6	1
C25	7	5	7	6	1	2	2	2	9
C31	7	9	1	8	1	5	5	4	3
C32	8	5	3	3	1	2	7	5	8
C33	8	8	4	1	4	4	3	2	4
C34	1	3	7	9	8	2	6	4	4
C35	5	5	1	7	2	7	4	7	3
C36	7	7	2	7	1	2	2	2	6
C37	8	8	2	1	3	4	6	6	5
C41	4	4	1	4	1	4	4	1	4
C42	1	1	1	1	1	1	1	1	1
C51	1	1	1	1	1	1	1	1	1
C52	8	8	3	3	1	3	6	1	6

②一级指标层次上的排序

依据表 6-6 中各一级指标层内二级指标权重 W_{ij}，将 9 大网络数据库在二级指标上的得分情况特征向量 W'_{ij} 加权求和，此处利用了 EXCEL 中的 SUMPRODUCT 函数来计算，得到针对 5 个一级指标(B1—B5)的测评得分集合(式2)：

$$W'_i = \sum_{j=1}^{k}(W_{ij} \times W'_{ij}), i = 1 \sim 5; k\text{ 为一级指标 }B_i\text{ 层内二级指标的个数}$$

(2)

汇总一级指标(B1~B5)的得分做出排名情况,见表 6-10

表 6-10 九个参评网络数据库的一级指标排名

$B_i\backslash\backslash P_i$	P1	P2	P3	P4	P5	P6	P7	P8	P9
B1	6	7	1	2	4	9	5	8	3
B2	8	7	2	4	1	5	9	6	3
B3	6	8	1	9	2	4	7	5	3
B4	4	4	1	4	1	4	4	1	4
B5	8	8	3	3	1	3	6	1	6

③总体上的排序

汇总 22 个二级指标的测评得分权重集合，然后依据表 6-6 中各指标在评价指标体系中的组合权重 G_{ij}，将每个网络数据库的 22 项指标得分加权求和，计算可得 9 个网络数据库在整个评价体系上的总得分集合 W'，计算公式如下：

$$W' = \sum_{i=1}^{5}\sum_{j=1}^{k}(G_{ij} \times W'_{ij}), k\text{ 为一级指标 }B_i\text{ 层内二级指标的个数} \quad (3)$$

此处也利用 EXCEL 中的 SUMPRODUCT 函数来计算，得出总分，做出排名情况，见表 6-11：

表 6-11 参评网络数据库的总排名

Pi	网络数据库名称	总分	排名
P3	SCI	0.1280	1
P5	ProQuest	0.1199	2

续表

P i	网络数据库名称	总分	排名
P9	Elsevier	0.1170	3
P4	EI	0.1102	4
P6	Blackwell	0.1070	5
P8	Wiley	0.1068	6
P1	CNKI	0.1051	7
P7	Springer	0.1036	8
P2	VIP	0.1022	9

4. 测评结果说明

（1）二级指标层面上分析

根据表6-9汇总的二级指标排名，统计每个网络数据库在22个指标上排名的分布情况，发现P3和P5各有11项指标排名第一，可见SCI和ProQuest在各项测评中体现出明显优势。

（2）一级指标层面上分析

根据表6-10汇总的一级指标排名结果：

从收录范围角度看，显然SCI、EI、Elsevier得分较高，而Blackwell、Wiley、VIP、CNKI得分较低，在收录范围方面9个网络数据库存在着明显差距，需要通过加快文献收集整理，加大文献回溯力度来缩短差距。

从检索功能角度看，ProQuest、SCI得分较高，而Springer、CNKI、VIP得分较低。Springer、CNKI、VIP在检索功能方面存在一定不足，需要加强检索系统功能的开发和提高。如：SCI不仅能从引文方式检索，还可提供参考文献链接（Cited References）、被引次数链接（Times Cited）、相关记录链接（Related Records）来检索文献，为用户获取与当前文献相关的文献信息提供了很大方便。

从服务功能角度看，得分较高的是SCI、ProQuest，相对而言，VIP、EI在服务功能方面得分偏低，有待于加强。值得一提的是SCI的分析功能很有特色:系统提供了作者(author)、国别(country/territory)、文献类型(document type)、机构名称(institution name)、语种(1anguage)、出版年代(publication year)、刊物名称(source title)及学科类别(subject category)八个项目对检索结果进行分析。分析数据上限(analyze)可以达到10万条,并能调整数据显示范围(set display options)和排序方式(sort by)。SCI还提供"Citation Report"功能,以图文方式揭示Published items in each year、Citations in each year。

收费情况的二级指标价格高低,受到多方面因素影响,且该项指标不具备量化可比性,在实际测评过程中是采用了统一分数,对整体的评分结果没有影响,所以该项得分实际反映出来的是收费方式。SCI、ProQuest、Wiley得分较高,而其他网络数据库此项得分较低,在收费方式上可以相互补充借鉴,以用户为中心,完善收费管理模式。

在网络安全方面,因为系统安全指标不易获取,在测评的过程中也是采取了统一打分,这里反映出来的是用户信息安全指标情况。显然ProQuest、Wiley得分较高,而CNKI、VIP得分较低,无论是对用户还是网站自身,信息安全都是一个非常重要的环节,是网络数据库稳定提供有效服务的基础。

(3)总体上分析

根据表6-11的排序结果,SCI排名第一,说明SCI在总体上各方面表现不俗。在一级指标层面上收录范围、服务功能、收费情况方面都排名第一,在检索功能和网站安全方面也名列前茅;二级层面上名列第一的有11项,排名前3的有19项之多。

ProQuest以其检索功能方面第一的得分,确保了其总体表现位居第二。这也说明,对于网络数据库而言,检索功能是用户和数据库建设者都需要关注的重点。

Elsevier在二级指标来源文献全面性、检索方式、检索效率方面获得了排名第一的好成绩,从而获得总体上比较优秀的评价。作为著名出版商的 ELSEVIER 公司,其麾下网络数据库在总体上有着显著优势。

VIP、Springer、CNKI 排名偏后,主要是在收录范围、检索功能、服务功能上的得分普遍较低。事实上这几个网络数据库的建设发展已经比较成熟,在商业竞争中也都取得一定的地位,但是由于本次实测对象都是著名网络数据库,所以在此没有表现出明显优势。因此从著名网络数据库的层次上看,还需要不断加大数据库内容建设力度和强化数据库检索功能。

从各层面上的排序中我们可以看出,9 个网络数据库各有其特点(表6－11)。有的网络数据库在收录范围方面得分较高,有的在检索功能方面略胜一筹,9 个被调查和评估的网络数据库各有优势所在。总体来讲,国外的网络数据库得分较高,排名较前。国外计算机网络化技术先进,硬件基础好等客观条件,都为网络数据库的建设发展提供了保障,而且国外网络数据库建设开展得较早,技术上也比较成熟。国内本身在计算机和网络化的进程中已经落后于国外,近些年来在国家的重视和大力扶持下,硬件设施有了长足发展,网络数据库的建设也有了很大成就,但是与国外相比还有不小的差距,还需要坚持不懈地加大建设力度,进一步提高我国网络数据库的发展水平。

5. 结论

本文对网络数据库的综合评价做出了积极探索研究,依据国家社会科学基金资助项目(04BTQ023)研究成果之一:网络数据库评价指标体系,对九个网络数据库进行了实证测评分析,既是对"网络数据库评价指标体系"科学性的验证,也是对目前常用网络数据库进行一次综合性的测评,从测评结果中发现问题,据此为我国网络数据库建设发展提出针对性的建议:

(1)积极开发建设实际利用价值高、面向社会公众服务的事实性动态数据库。重视维护、改造、整合现有数据库,提高数据库的开发规模和服务水平;

(2)检索系统开发需要整合智能检索技术,真正实现基于内容特征

的信息检索;

(3)重视数据库资源的二次开发,并为用户提供适当的知识发现的手段,提高资源建设的效率和数据库资源的利用率;

(4)充分汲取国外网络数据库资源开发建设经验,逐步缩小国内外差距。

从网络数据库评价指标体系的建立及实证分析结果可以看出,对网络数据库的评价要用系统的角度去分析,发现解决网络数据库建设及运行中存在的问题,促进网络数据库的建设发展。在实际应用中,该项研究成果可用于科学评价网络数据库的建设水平,为网络数据库的建设发展提供决策依据。期望网络数据库评价指标体系的研究成果,能从理论上指导和促进我国网络数据库建设的健康发展,为网络数据库评价提供一种新思路,同时在不断的实践中推动网络信息资源评价这一重要课题的深入研究,进一步丰富和发展网络信息资源评价理论与方法。若有不足之处,恳请专家学者给予指正。不胜感激!

【参考文献】

[1]汪徽志. 网络数据库评价指标体系的建立与测定[D]. 南京:南京大学信息管理系,2007.33-35.

[2]南京大学图书馆. 南京大学图书馆网络电子资源导航[EB/OL]. [2006-12-26]. http://lib.nju.edu.cn/nju_resource.htm

[3]朱庆华. 信息分析:基础、方法及应用[M]. 北京:科学出版社,2004.209.

[4]吕跃进,张维. 指数标度在AHP标度系统中的重要作用[J]. 系统工程学报,2003,18(5):452-456.

[5]吕跃进,张维,曾雪兰. 指数标度与1-9标度互不相容及其比较研究[J]. 工程数学学报,2003,20(8):77-81.

[6]吕跃进. 层次分析法标度系统评价研究[M]//决策科学理论与方法. 北京:海洋出版社,2001.50-57.

[7]国家信息资源管理南京研究基地. 网络数据库评价指标体系调查[EB/OL].

[2006-12-26]. http://irm.nju.edu.cn/question

(三)国内省级政府网站信息构建状况分析

【摘要】本文针对我国已建立的省级政府网站,以信息构建作为评价标准,通过考察网站信息组织、导航、检索、标识等方面的表现,从信息内容组织功能的角度对省级政府网站进行定量评价,并探讨网站建设状况与地理分布和地区经济的相关性。

【关键词】电子政务;政府网站;信息构建;定量分析

1. 引言

1998年4月,青岛市在互联网上建立了我国第一个严格意义上的政府网站"青岛政府信息公众网",标志着中国电子政务工程迈出了可喜的一步。1999年1月22日,由中国电信和国家经济贸易委员会经济信息中心牵头、联合四十多家部委(办、局)信息主管部门在北京共同召开了"政府上网工程启动大会",正式开通政府上网工程主网站 www.gov.cn,成为我国政府上网的导航中心和服务中心,揭开了1999年"政府上网年"的第一幕[1]。随着政府上网工程的开展,我国各级地方政府普遍重视电子政务的建设,纷纷建立了宣传和服务功能比较完善的门户网站,由专业技术人员进行网站的设计、开发、维护,拥有比较好的硬件基础,提高了公共服务水平和政府办事效率,促进了政务信息发布和政务公开,使政府工作信息化、透明化,这对于高效、优质、规范、透明地执行政府公众服务职能,树立政府形象有着举足轻重的意义。同时也推进了电子政府的建立和发展,极大地丰富了网上信息资源,延伸了政府的办公能力。

随着我国电子政务向纵深发展,政府放在网上的信息无论是种类还是数量都将急剧膨胀,如何让公众快速便捷地查询、获取需求的信息,如何使政府充分获取公众意见,并反馈处理结果,体现政府办事效率,就显得非常重要。同时,各级政府的电子政务应用还不同程度地存在着一些不足,为真正达到政府网站服务于公众,实现政府部门与社会公众的信息互动,各级政府电子政务应用水平还有待于进一步提高。研究公众信息需求,追求政府网站的"客户化"、"人性化"应成为政府网站信息构建的重要指导思想[2]。

信息构建(Information Architecture,IA)是组织信息和设计信息环境、信息空间和信息体系结构,以满足用户信息需求的一门艺术和科学[3]。IA 包括调查、分析、设计和执行过程,它涉及组织、标识、导航和搜索系统的设计,目的是帮助人们成功地发现和管理信息。目前,IA 已成功地应用于各类网站建设,作为网站建设的蓝图,解决网站是否符合组织的业务目标,是否满足了用户的信息需求等实际问题。它不仅是网站的一种设计理念,也是网站性能的一种评价标准,其理论和实践问题也逐渐引起了情报界的极大关注。

2. 调查核实我国省级政府网站以便进行 IA 评价

经调查确认有 28 个省级政府建立了政府网站(不含港、澳、台)[4][5](详见表6-12)

表6-12 省级政府网站名称及地址

编号	省市自治区	网站名称	网址
1	安徽	安徽省人民政府	www.ah.gov.cn
2	北京	首都之窗	www.beijing.gov.cn
3	福建	中国福建	www.fujian.gov.cn
4	甘肃	中国甘肃	www.gansu.gov.cn
5	广东	广东省人民政府	www.gd.gov.cn
6	广西	广西壮族自治区政府网	www.gxi.gov.cn
7	贵州	贵州省人民政府	www.gzgov.gov.cn

续表

编号	省市自治区	网站名称	网址
8	海南	海南省人民政府	www.hainan.gov.cn
9	河北	中国河北	www.hebei.gov.cn
10	河南	河南省人民政府	www.henan.gov.cn
11	黑龙江	中国黑龙江	www.hlj.gov.cn
12	湖北	中国湖北	www.hubei.gov.cn
13	湖南	湖南政府公众信息网	www.hunan.gov.cn
14	吉林	吉林省人民政府	www.jl.gov.cn
15	江苏	中国江苏	www.jiangsu.gov.cn
16	江西	江西省人民政府	www.jiangxi.gov.cn
17	辽宁	中国辽宁	www.ln.gov.cn
18	内蒙古	中国内蒙古	www.nmg.gov.cn
19	宁夏	（缺）	（缺）
20	青海	青海省政府公共信息网	www.qhinfo.com
21	山东	（缺）	（缺）
22	山西	中国山西	www.shanxigov.cn
23	陕西	陕西省政府公众信息网	www.shaanxi.gov.cn
24	上海	中国上海	www.shanghai.gov.cn
25	四川	中国四川	www.sc.gov.cn
26	天津	天津政务网	www.tj.gov.cn
27	西藏	（缺）	（缺）
28	新疆	新疆维吾尔自治区人民政府	www.xinjiang.gov.cn
29	云南	云南电子政务门户网站	www.yn.gov.cn
30	浙江	中国浙江	www.zhejiang.gov.cn
31	重庆	重庆政府公众信息网	www.cq.gov.cn

3. 确定 IA 评价指标体系以进行全面的 IA 定量分析

IA 的核心理念是关注用户，以人为本。用户（users）、内容（content）和组织（context）构成了 IA 的三个生态环。信息生态就是指信息、知识与信息环境、组织环境和外部环境之间的关系。IA 是信息用户、信息内容与信息组织三者的交集,信息生态起着重要的作用[6]。本文将从 IA 核心内容,即信息的组织、导航、检索、标识等方面入手,参考甘利人等在《我国四大数据库网站 IA 评价研究》中提出的 IA 评价方案[7],并根据政府网站不同于一般的学科性、商业性网站的特点,以及在"客户化"、"人性化"方面的特殊要求,经部分简化修改后确定出以下 IA 评价指标体系,据此对我国各省级政府网站进行定量分析。

(1)IA 评价指标体系的建立

本文从全局导航、局部导航、语境导航、补充导航、组织系统、检索系统、标识系统 7 个方面建立了 IA 评价指标体系。(详见表 6 – 13)

表 6 – 13 IA 评价指标体系

一级指标	一级权重	二级指标	二级权重	组合权重	编号
全局导航	0.20	内容全面性	0.60	0.12	**1**
		位置一致性	0.40	0.08	**2**
局部导航	0.20	内容全面性	0.60	0.12	**3**
		位置风格一致性	0.40	0.08	**4**
语境导航	0.10	内容丰富性	0.60	0.06	**5**
		内容相关性	0.40	0.04	**6**
补充导航	0.05	内容全面性	0.60	0.03	**7**
		与其他导航系统的一致性	0.40	0.02	**8**
组织系统	0.15	合理性	0.60	0.09	**9**
		层次丰富性	0.40	0.06	**10**
检索系统	0.15	检索方式的多样性	0.40	0.06	**11**
		检索限定条件的丰富性	0.40	0.06	**12**
		检索结果页面的丰富性	0.20	0.03	**13**
标识系统	0.15	可理解性	0.50	0.075	**14**
		表达的准确性	0.50	0.075	**15**

(2)IA 评价指标体系说明[7][8][9]：

①全局导航：全局导航可以帮助用户浏览确定整个网站的内容范围，随时回答用户提出的"我在网站中的什么位置？"的问题。由持续贯穿整个网站的导航元素所构成，通常以图形或文本链接的形式出现在页面顶端。

a. 内容全面性：全局导航覆盖网站内容的全面程度；

b. 位置一致性：全局导航栏目在各个页面中的位置保持一致性。

②局部导航：在全局导航的下层进行，帮助用户浏览某个栏目内包含的内容。回答用户提出的"子站点或局部栏目如何构成？"的问题。

a. 内容全面性：局部导航覆盖该栏目内容的全面程度；

b. 位置风格一致性：局部范围内应保持一致；各局部的导航风格应保持一致性。

③语境导航：回答用户提出的"还有什么相关信息？"的问题，帮助用户通过该网站浏览到与此相关的内容资源。主要的表现形式为：相关内容聚集、相关链接聚集、相关问题聚集、相关服务聚集。

a. 内容丰富性：为用户提供参考链接以及同主题内容的丰富程度；

b. 内容相关性：提供给用户的链接、内容与网站已有内容的相关程度。

④补充导航：以站点图、内容目录表、索引或指南的形式为用户提供一种专门入口，直接进入所需内容。同时也提供了对整个网站的全面纵览。

a. 内容全面性：补充导航覆盖整个网站内容的全面程度；

b. 与其他导航系统的一致性：与各项导航的内容及标记间的一致性。

⑤组织系统：负责信息的分类，确定信息的组织方案和组织结构，对信息进行逻辑分组，并确定各组之间的关系，是网站 IA 的关键因素，也是建立导航系统和标引系统的基础，它由信息组织方案和组织结构两部分

组成。目标是将网站内容分解成不同的范畴以方便用户理解、认识,快捷进入感兴趣的内容。对网站内容作层次性划分,提供对网站内容的全局浏览。

a. 合理性:分类结构是否科学、清晰,是否容易理解;

b. 层次丰富性:分类体系的层次丰富性,满足用户的多层选择需求。

⑥检索系统:与导航系统互为补充,以更好地满足不同用户的需求。用户在检索界面上选择搜索范围,提交提问式,由搜索引擎根据提问式,按照一定的检索算法对网站内容进行搜索,最后在结果页面上反馈搜索的结果,可从以下三个方面进行评价。

a. 检索方式的多样性:能否提供多种检索方式,如:简单检索、高级检索、分类检索等。

b. 检索的限定条件的丰富性:能否进行精确检索,提高检索准确性。

c. 检索结果页面的丰富性:检索结果页面的有效程度,能否提供进一步检索。

⑦标识系统:用于表征全局导航元素、产品分类和网站特征的标识,一个标识应该既能提供大量的信息,又能通过简明、清晰的文字来描述其所隐含的内容。

a. 可理解性:标识所表达的内容能让用户理解的程度。

b. 表达的准确性:标识能否准确地反映其所指的内容。

(3) IA 计算

IA 总分采用十分制,评分等级为:2、4、6、8、10 五个等级(2 - 非常糟糕;4 - 比较糟糕;6 - 一般;8 - 比较好;10 - 非常好)

计算公式: $S = \sum_{i=1}^{m} \lambda_i \sum_{j=1}^{n} \lambda_{ij} S_{ij}$;

(其中 S 为总分、λ_i 为一级指标权重、λ_{ij} 为二级指标权重、S_{ij} 为二级指标得分、m 为一级指标总数、n 为该一级指标下的二级指标个数)

(4) IA 评价结果

根据 2005 年 2—3 月期间对我国各省级政府网站进行的调查访问,

按照上述 IA 评价指标体系进行考核评价,具体得分情况见表 6-14。

表 6-14 省级政府网站 IA 评价结果

一级指标	全局导航		局部导航		语境导航		补充导航		组织系统		检索系统		标识系统		IA总分	排名
二级指标	1	2	3	4	5	6	7	8	9	10	11	12	13	14	15		
组合权重	0.12	0.08	0.12	0.08	0.06	0.04	0.03	0.02	0.09	0.06	0.06	0.06	0.03	0.075	0.075		
安徽	8	8	8	6	2	2	4	6	6	8	2	2	6	8	8	6.12	13
北京	8	8	8	8	8	6	6	8	8	8	8	8	8	8	8	7.74	2
福建	8	8	6	6	6	6	8	6	8	6	6	6	4	6	6	6.58	7
甘肃	4	6	4	6	2	2	4	4	6	4	4	6	4	6	4	4.20	26
广东	8	6	8	6	6	6	8	6	8	6	6	8	8	8	8	7.40	3
广西	4	4	4	4	2	2	4	4	2	2	2	2	2	6	4	3.81	28
贵州	6	4	4	2	4	4	2	4	6	4	2	4	2	4	4	3.86	27
海南	8	6	6	6	4	4	4	6	8	6	6	6	6	6	6	6.16	12
河北	8	6	8	6	6	4	6	6	6	6	2	6	6	8	6	6.03	16
河南	6	6	6	6	4	6	4	6	6	6	4	2	2	6	6	5.28	19
黑龙江	8	6	4	6	6	4	2	6	8	8	6	8	8	6	6	6.06	14
湖北	6	6	8	4	6	4	4	8	6	6	2	4	4	6	6	5.67	18
湖南	6	4	8	6	4	6	6	6	8	6	6	6	4	6	6	6.04	15
吉林	6	8	8	6	4	6	6	4	6	6	6	6	6	6	6	6.18	11
江苏	8	6	8	6	6	6	6	6	8	4	8	8	8	8	6	7.37	4
江西	8	6	8	6	4	6	6	6	8	6	6	8	8	8	6	7.13	5
辽宁	8	6	8	6	4	4	6	6	4	6	6	4	4	6	6	6.38	9
内蒙古	6	6	6	4	4	4	2	4	4	4	2	4	4	6	6	4.57	23
青海	6	4	6	6	4	2	2	4	6	4	4	4	4	6	4	4.75	20
山西	8	6	6	6	4	2	2	4	6	4	2	4	4	6	6	5.74	17
陕西	6	6	4	4	4	6	4	4	4	6	2	2	4	4	4	4.68	22
上海	10	8	8	8	6	6	6	6	8	8	8	8	8	8	6	7.79	1
四川	4	6	4	4	6	2	2	2	4	6	2	2	2	2	4	4.49	24
天津	6	4	6	6	4	8	6	6	6	6	6	4	6	8	6	6.49	8
新疆	6	4	4	6	4	6	4	4	4	4	4	2	4	4	4	4.70	21

续表

一级指标	全局导航		局部导航		语境导航		补充导航		组织系统		检索系统		标识系统		IA总分	排名
二级指标	1	2	3	4	5	6	7	8	9	10	11	12	13	14	15		
组合权重	0.12	0.08	0.12	0.08	0.06	0.04	0.03	0.02	0.09	0.06	0.06	0.06	0.03	0.075	0.075		
云南	6	6	4	4	6	4	2	2	6	6	2	2	4	4	4	**4.48**	25
浙江	8	6	8	8	6	6	6	6	6	8	8	2	8	6	6	**6.99**	6
重庆	8	6	6	4	6	6	4	6	8	6	4	4	6	8	6	**6.23**	10

4. 中国省级政府网站 IA 相关性分析

(1) 政府网站与经济实力的关系

综合经济实力是电子政务投资的有力支撑,显然经济因素与地方电子政务发展有着密切关系。为了明晰经济因素对政府网站建设的影响,对各省市自治区(宁夏、山东、西藏没有省级政府网站,此处不做比较)的 IA 得分和地区生产总值(Gross Regional Product,GRP)、人均地区生产总值(Per Capita Gross Regional Product)做了比较分析(数据来自《中国统计年鉴2004》公布的 Gross Domestic Product by Region 2003[10])。并专门设立了"排名相差"栏目,以便更清晰地发现 GRP 排名、人均 GRP 排名与 IA 排名之间的差异,根据"排名相差"可以看出:差值的绝对值越大表示排名之间差异越大,绝对值越小表示排名之间差异越小,零表示两项排名正好相同,正值表示 IA 排名高出其相应的产值排名,负值表示 IA 排名低于其相应的产值排名(详见表6-15)

表6-15 各省市自治区的 GRP、人均 GRP 与政府网站 IA 排名比较

省市自治区	GRP(亿元)	GRP 排名	人均 GRP(元/人)	人均 GRP 排名	IA 得分	IA 排名	排名相差:GRP-IA	排名相差:人均GRP-IA
安徽	3972.38	13	6455	23	6.12	13	0	10
北京	3663.10	14	32061	2	7.74	2	12	0

109

续表

省市自治区	GRP（亿元）	GRP排名	人均GRP（元/人）	人均GRP排名	IA得分	IA排名	排名相差：GRP-IA	排名相差：人均GRP-IA
福建	5232.17	10	14979	7	6.58	7	3	0
甘肃	1304.60	26	5022	27	4.20	26	0	1
广东	13625.87	1	17213	5	7.40	3	-2	2
广西	2735.13	16	5969	25	3.81	28	-12	-3
贵州	1356.11	25	3603	28	3.86	27	-2	1
海南	670.93	27	8316	15	6.16	12	15	3
河北	7098.56	4	10513	10	6.03	16	-12	-6
河南	7048.59	5	7570	16	5.28	19	-14	-3
黑龙江	4430.00	12	11615	9	6.06	14	-2	-5
湖北	5401.71	9	9011	13	5.67	18	-9	-5
湖南	4638.73	11	7554	17	6.04	15	-4	2
吉林	2522.62	17	9338	12	6.18	11	6	1
江苏	12460.83	2	16809	6	7.37	4	-2	2
江西	2830.46	15	6678	21	7.13	5	10	16
辽宁	6002.54	7	14258	8	6.38	9	-2	-1
内蒙古	2150.41	23	8975	14	4.57	23	0	-9
青海	390.21	28	7277	19	4.75	20	8	-1
山西	2456.59	19	7435	18	5.74	17	2	1
陕西	2398.58	21	6480	22	4.68	22	-1	0
上海	6250.81	6	46718	1	7.79	1	5	0
四川	5456.32	8	6418	24	4.49	24	-16	0
天津	2447.66	20	26532	3	6.49	8	12	-5
新疆	1877.61	24	9700	11	4.70	21	3	-10
云南	2465.29	18	5662	26	4.48	25	-7	1
浙江	9395.00	3	20147	4	6.99	6	-3	-2
重庆	2250.56	22	7209	20	6.23	10	12	10

从表6-15可见,IA得分与省市自治区GRP的相关性不是很明显。但与省市自治区人均GRP体现出了相对较好的统计特征。

①从总体上看,绝大多数IA得分较高的省区,其人均GRP值也相对较高。如IA排在前两名的上海市和北京市其人均GRP也排在前两名,分别达46718元和32061元,远远高于其他省市自治区的人均GRP,这与上海市和北京市的地位是吻合的。IA排名第3、第4的广东省和江苏省的GRP排名位于第1、2名,达13625.87亿元和12460.83亿元,远远高于其他省市自治区的GRP,人均GRP也比较接近,分别为17213元和16809元,排在5、6位,因为广东是我国改革开放的窗口,江苏也是我国的经济大省,都具有较高的信息化水平。

②从IA排名方面看,与GRP排名吻合程度较低,与人均GRP排名吻合得较好。人均GRP与IA排名相差的绝对值普遍很小,表明这两个项目的排名顺序比较相符,较好地说明了IA得分与人均GRP之间具有很大相关性。如:IA排前8名的省市自治区人均GRP排名也基本上排在前8名,其中仅有江西人均GRP排在21名,IA排名却位于第5;而IA排名倒数5名的广西、贵州、甘肃、云南、四川,人均GRP排名也正好都位于倒数5名之列。这说明经济发达地区的信息化程度较高,公民对电子政务的需求较大,促进了电子政务的发展,而经济薄弱地区的信息化程度相应较低,电子政务的需求和发展都相对缓慢。另外,有少数几个省份的排名出现较大差异,如江西、重庆、安徽的IA排名远高于人均GRP排名,尽管其经济实力较差,但其省级政府网站IA建设水平却已相当高;相反地,内蒙古、新疆的IA排名远低于人均GRP,而从GRP方面来看却又比较吻合。

(2)政府网站与地理位置的关系

为了考察大范围内不同地区间政府网站建设的差异性,按国家对于经济区域的地理性划分,分别对东部、中部和西部地区做了IA相关性分析。区域划分情况见表6-16[11]。

表 6-16　区域划分

区域划分	省市自治区范围
东部	辽宁、河北、天津、北京、山东、江苏、上海、浙江、福建、广东、广西、海南
中部	黑龙江、吉林、内蒙古、山西、河南、安徽、湖北、湖南、江西
西部	陕西、甘肃、宁夏、青海、新疆、四川、重庆、云南、贵州、西藏

比照 IA 得分结果，总体的情况是东高西低，呈现出阶梯形特征。西部地区在政府网站建设的发展中明显处于较低层次，中部总体上略高于 IA 得分平均值 5.82，而东部地区 IA 得分明显较高，尤其是东部沿海开放城市，这一结果大致反映了我国不同地区间政府网站 IA 建设水平的差异。其中有个别不吻合的情况，如：江西虽然地处中部，但 IA 得分却很高，达到 7.13，应该是与当地政府对信息化建设高度重视有关；重庆地处西部，但 IA 得分为 6.23，明显高于同处西部的其他省份，这与重庆是西部重镇，又是西部大开发重点投入地区有关；广西、河北虽然区域划分在东部，但 IA 得分较低，特别是广西得分仅为 3.81，位于全国 IA 排名之末；内蒙古地处中部 IA 得分仅为 4.57，远低于平均值，排名明显偏后。另外，很遗憾的是宁夏、山东、西藏三个省份没有省级政府网站，西藏、青海可能与其经济较落后、信息化程度较低、用户需求少、政府投入较少有关，山东省政府虽然没有专门网站，但经仔细考察却发现，山东省级各具体部门已建起程度相当高的网站系统，建议尽快建立省政府网站，将省级各部门网站组织整合起来，形成一个完整的政府网站系统，以便更好地服务于政府和公众。

5. 结　论

根据上述各省级政府网站的 IA 得分情况以及与其经济实力、地理位置的相关性分析，可以得出以下初步结论。

(1) 进一步加强政府网站建设

整体而言，各省级政府网站的建设仍处于起步和转型阶段，电子政府的思想、信息构建的理念尚未深入运用到政府网站的建设中。而政府网站的建设与发展关系到政府信息化建设的水平以及整个国家信息化发展的前景,因此要进一步重视和加强政府网站建设,把它纳入到政府的议事日程上来,使政府网站更好地服务于公众。

(2)政府网站建设存在地区性差异

政府网站建设总体上和区域经济发展状况有很大关系,地区之间存在一定差距。产生这种差距的原因,可能包括不同地区间的经济发展水平、改革开放程度、政府信息化投入和重视程度、地区信息化需求、公民平均受教育程度等多方面因素。总的来说,区域经济发展得较好,其政府网站建设也较好,并且两者之间有相互促进的作用。区域经济薄弱地区,要尽快实现理念上的转变,使电子政府思想为当地政府决策者和政策执行者所理解、接受和重视,对政府信息化的项目投资和政策支持要得到落实,以电子政务为契机引导政府改革和地方经济的深入发展。相信随着国家电子政务投资和规划规模的逐步扩大,政府和社会各界的积极推动,中国的政府网站建设必将得到快速均衡合理地发展。

(3)政府网站 IA 评价方法有待完善

利用 IA 方法对政府网站进行评价,对于改进网站性能、改善网站内容的组织、表达和呈现有着重要的意义,它将有助于构建一个具有高度导航能力和可用性的信息系统,为用户提供高水平、高质量的信息和服务。但在评价实践过程中,发现从指标及权重的确定,到评价打分的标准,以及评分准确客观程度的把握上,还有待完善,如何建立更加科学全面的评价体系,如何更加客观准确的进行评价等都需要进一步深入探讨研究,以便能够更科学、客观、准确地评价政府网站的 IA 应用实效。

【参考文献】

[1] 政府上网工程开启[EB/OL].[2005-03-01]. http://www.govonline.cn/frontmanger/memoralist.jsp

[2] 甘利人,蔡镭.IA应用研究——我国政府网站考察与评价[J].情报理论与实践,2003,26(6):487-491.

[3] 周晓英.政府网站信息构建及其实例分析[EB/OL].(2004-06-01)[2005-03-01]. http://www.bjpg.gov.cn/Information/ppt/zxy.ppt

[4] 中国政府网.中央政府门户网站[EB/OL].[2005-03-01]. http://www.gov.cn/index.htm

[5] 中国政府网.地方政府网站[EB/OL].[2005-03-01]. http://www.gov.cn/

[6] 信息构架原则[EB/OL].[2005-03-01]. http://blog.blogchina.com/month.35228.200410.html

[7] 甘利人等.我国四大数据库网站IA评价研究(一)[J].图书情报工作,2004,48(8):26-29.

[8] 甘利人等.我国四大数据库网站IA评价研究(二)[J].图书情报工作,2004,48(9):28-29.

[9] 马费成,姜婷婷.信息构建对当代情报学发展的影响[J].图书馆论坛,2003,23(6):20-25.

[10] 中国国家统计局.中国统计年鉴2004[M].北京:中国统计出版社,2004.

[11] 中国地理性区域划分[EB/OL].[2005-03-01]. http://www.1st-eg.org/top/3/331.htm

(四)The Evaluation and Empirical Research on Government Website Station Based on Information Architecture

Abstract: This paper observes and studies the context situation of information content for each Chinese provincial government website from the perspective of information architecture. It builds up evaluation index system based on the evaluation standard of information architecture, giving quantitative assessment based on the performance of information context, navigation, retrieval and sign and showing the construction situation for Chinese governmental websites and its relativity between regional economies.

Keywords: Information architecture; E - government; Government websites; Quantitative analysis

1. Introduction

Information architecture(IA) is a subject of art and science to organize information and design information environment, information space and information system structure, in order to meet customers' need. IA consists of the process for investigation, analysis, design and implement, involved in the design of context, sign, navigation and search system on the purpose of helping people find and manage information successfully. At present, IA has been successfully applied to the establishment of various websites as the blue print of websites construction, solving the problem that whether the websites meet the business goal of context and whether meet the information requirement for customers, and other practical problems. It is not only a design concept for websites, but also an evaluation standard for website performance. Relative theories and practice have gradually gained great attention from the area of information science industry.

With the development of Chinese governmental online project, local governments at all levels successively have built up portal sites with the functions of publicity and services, improving the public service level and work efficiency from governments, promoting the information release an publicity of governmental affairs, making the government work informatization. It greatly enriches the online information resources and extends the work ability in office for governments, playing a decisive role in carrying out public service function for governments and establishing the image of governments with high efficiency, excellent quality, standard and transparency. With the development of Chinese e – government in breadth and depth, the kinds and number of online government information have greatly begun to expand. How to make the public inquire and attain required information quickly and conveniently, how to make governments obtain public opinions sufficiently and send feedback of the result of handling and fully show the work efficiency of governments become somewhat more important. The research on the information requirement from the public and the pursuit of the "customization", "humanization" of government websites should become the important guiding idea for the information construction for government websites. [1]

2. Constructing IA evaluation index system

The core concept of IA is users – concerned and people – oriented. Users, content and context form the three ecological loops for IA. Information ecology refers to the relationship between information, knowledge and information environment, context environment and external environment. IA is the intersection of information users, information content and information context, and information ecology plays significant role in it. This paper will start from the core content of IA namely on the part of the context of information, navigation, retrieval and sign, with the reference to the IA evaluation plan which is proposed in *IA Evaluation for the Domestic Four Database Websites* by Gan Liren. [2-3] And it will revise and reshape government websites according to the characteristics of their difference from general websites with characteristics of disciplinarity and commerciality, and their special requirements in the aspects of "customization" and "humanization", finally to make sure IA evaluation index system(Table 6 - 17) and give comprehensive analysis for each Chinese provincial government websites.

(1) Constructing IA evaluation index system

This paper constructs IA evaluation index system from seven aspects of global navigation, local navigation, contextual navigation, complementary navigation, context system, retrieval system, sign system. (Table 6 - 18)

Table 6 - 17 IA evaluation index system

First-class index	First-class weight	Secondary index	Secondary weight	Combined weight	Number
Global navigation	0.20	Comprehensiveness of content	0.60	0.12	1
		consistency of location	0.40	0.08	2
Local navigation	0.20	Comprehensiveness of content	0.60	0.12	3
		Consistency of the style and location	0.40	0.08	4
Contextual navigation	0.10	Richness of content	0.60	0.06	5
		Rlativity of content	0.40	0.04	6
Complementary navigation	0.05	Comprehensiveness of content	0.60	0.03	7
		Consistency with other navigation system	0.40	0.02	8
Context system	0.15	rationality	0.60	0.09	9
		Richness of levels	0.40	0.06	10
Retrieval system	0.15	Diversity of retrieval mode	0.40	0.06	11
		Richness of retrieval limiters	0.40	0.06	12
		Richness of retrieval results page	0.20	0.03	13
Sign system	0.15	Understandability	0.50	0.075	14
		Accuracy of expression	0.50	0.075	15

117

(2) The explanation of IA evaluation index system[4]:

A. Global navigation: global navigation can help users browse and make sure the content range about the whole website, answering problems such as "where I am in the website" that users have raised at any time. Global navigation is constituted by the navigation elements continuously throughout the whole website, usually presenting at the top of page in the forms of graphics and text links.

a. The comprehensiveness of content: it refers to the comprehensive extent to which global navigation covers the content of the website;

b. The consistency of location: it refers to the location that the column of global navigation places in every page should keep consistent.

B. Local navigation: it is finished in the under layer of global navigation, helping users browse the content contained in some column, answering the questions such as "how subsites or local column is constituted?" that users raise.

a. The comprehensiveness of content: it refers to the comprehensive extent to which local navigation covers the content of the website;

b. The consistency of location and style: the location and style should keep consistent in local range; the navigation style for each local range should keep consistent.

C. Contextual navigation: answers the question of "is there any other relative information?" that users raise and helps users browse the resources of the content related to this through this website. Its main expressive forms have aggregation of relevant content, aggregation of relevant links, aggregation of relevant problems, and aggregation of relevant service.

a. The richness of content: provides users with reference linking as well as the richness of the content with the same topic;

b. The relativity of content: refers to the degree of relativity between the links and content which are provided to users, and the existed content in the website.

D. Complementary navigation: provides some special entrance for users in forms of site graph, content directory list, index or guidance, directly accessible to the required content. At the same time, it also provides overall panoramic view of the whole website.

a. The comprehensiveness of content: supplements the degree of comprehensiveness that navigation covers the content in the whole website;

b. The consistency with other navigation systems: is the consistency with the content and sign for each navigation.

E. Context system: is responsible for the classification for information, and makes sure the context plan and context structure for information. Giving logical group for information and making certain the relationship between every group are the key factors for website IA, also the basic to build up navigation system and sign system. Context system is made of two parts of context plan and context structure, achieving the goal to disintegrate the website content into different categories, convenient for users to understand, cognize and quickly enter into the content that they are interested in. It divides the website content with levels, providing overall browsing for the website content.

a. Rationality: refers to whether the classification structure is scientific, clear, whether easy to be understood;

b. Richness of levels: refers to the richness of levels for classification system to meet the users' requirement for multiple choices.

F. Retrieval system: it is complementary with navigation system, so as to better meet the requirements for different users. Users select search scopes in search interface and submit quiz. The search engineer will start to search the website content according to certain searching algorithm on the basis of the quiz, and finally give feedback to the search results in the results page. The retrieval system can be evaluated in the three aspects as the following.

a. Diversity of retrieval mode: whether it can provide various kinds of retrieval modes, such as simple search, advanced search, classified search etc.;

b. Richness of retrieval limiters: whether it can carry out refined search and improve the accuracy of the retrieval;

c. The richness of retrieval results page: the significant degree of retrieval results page whether can be further retrieved.

G. Sign system: it is used as the token for the elements of the global navigation, the sign of the products classification and website characteristics. A sign is not only expected to offer large information, but also to describe the implicit content with concise and vivid words.

a. Understandability: it refers to the degree that users can be able to understand the content that the sign expresses;

b. The accuracy of expression: it refers that whether the sign can accurately reflect the content that it means.

3. IA evaluation and analysis of government websites

It plays significant role in improving the functions for websites, the context, expression and presentation for website content to evaluate government websites by means of IA method, which is helpful to construct a information system with high navigation ability and usability and supply high - standard and high - quality information and service to users.

(1) The establishment of research objects

It has been confirmed that 31 provincial governments have built up their government websites after investigation. (Not including Hongkong, Macao, Taiwan)[5] (The detailed as the following table 6 - 18)

Table 6-18   the website name and web site for provincial government

Number	provinces, cities and autonomous regions	Website name	Web site
1	Anhui	Anhui, China	www. ah. gov. cn
2	Beijing	the window of the capital	www. beijing. gov. cn
3	Fujian	Fujian, China	www. fujian. gov. cn
4	Gansu	Gansu, China	www. gansu. gov. cn
5	Guangdong	Guangdong Province People's Government	www. gd. gov. cn
6	Guangxi	Guangxi, China	www. gxzf. gov. cn
7	Guizhou	Guizhou Province People's Government	www. gzgov. gov. cn
8	Hainan	Hainan Province People's Government	www. hainan. gov. cn
9	Hebei	Hebei, China	www. hebei. gov. cn
10	Henan	Henan Province People's Government	www. henan. gov. cn
11	Heilongjiang	Heilongjiang, China	www. hlj. gov. cn
12	Hubei	Hubei Province People's Government	www. hubei. gov. cn
13	Hunan	Hunan Province People's Government	www. hunan. gov. cn
14	Jilin	Jilin Province People's Government	www. jl. gov. cn
15	Jiangsu	Jiangsu, China	www. jiangsu. gov. cn
16	Jiangxi	Jiangxi Province People's Government	www. jiangxi. gov. cn
17	Liaoning	Liaoning Province People's Government	www. ln. gov. cn
18	Inner Mongolia	Inner Mongolia, China	www. nmg. gov. cn
19	Ningxia	Ningxia, China	www. nx. gov. cn
20	Qinghai	Qinghai, China	www. qh. gov. cn
21	Shandong	Shandong, China	www. shandong. gov. cn
22	Shanxi	Shanxi Province People's Government	www. shanxigov. cn
23	Shaanxi	Shaanxi Province People's Government	www. shaanxi. gov. cn

续表

Number	provinces, cities and autonomous regions	Website name	Web site
24	Shanghai	Shanghai, China	www. shanghai. gov. cn
25	Sichuan	Sichuan Province Peoples' Government	www. sc. gov. cn
26	Tianjin	Tianjin, China	www. tj. gov. cn
27	Xizang	Xizang Autonomous Region People's Government	www. xizang. gov. cn
28	Xinjiang	Xinjiang Uygur Autonomous Region People's Government	www. xinjiang. gov. cn
29	Yunnan	Yunnan Province People's Government Website	www. yn. gov. cn
30	Zhejiang	Zhejiang Province People's Government	www. zj. gov. cn
31	Chongqing	Chongqing People's Government	www. cq. gov. cn

(2) IA calculation method

The total score for IA adopts 5 – grade marking system, and the mark grade is divided into five grades of 1,2,3,4,5. (1 grade for very bad,2 grade for a little bad,3 grade for general,4 grade for good,5 grade for very good)

Calculation formula: $S = \sum_{i=1}^{m} \lambda_i \sum_{j=1}^{n} \lambda_{ij} S_{ij}$；

(Among this formula, S for the total score, λ_i for first – class index weight, λ_{ij} for secondary index weight, S_{ij} for the score of the secondary index, m for the total number of first-class index, n for the number of secondary index subordinate to the first-class index.)

(3) IA evaluation result

According to the investigation and interview about every provincial government website in China among October to December in 2010, on the basis of the IA evaluation index system for evaluation, the detailed score is in the table 6 – 19 as follows.

第六章 结论与展望

Table 6-19 IA evaluation results for every provincial government website in China

First-class index	Global navigation		Local navigation		Contextual navigation		Complementary navigation		Context system		Retrieval system			Sign system			IA total score	Ranking
Secondary index	1	2	3	4	5	6	7	8	9	10	11	12	13	14	15		
combinational weight	0.12	0.08	0.12	0.08	0.06	0.04	0.03	0.02	0.09	0.06	0.06	0.06	0.03	0.075	0.075		
Anhui	4	3	4	3	3	2	2	3	4	4	4	3	3	4	4	3.53	7
Beijing	4	4	4	3	4	4	3	3	4	4	5	4	4	5	4	4.005	2
Fujian	4	4	3	3	3	3	4	3	4	3	4	3	4	3	3	3.41	10
Gansu	3	3	2	2	2	1	2	2	3	2	2	2	3	2	2	2.28	30
Guangdong	4	4	4	4	4	3	4	3	5	4	3	3	3	4	4	3.88	4
Guangxi	2	3	2	3	2	2	4	3	2	2	1	1	1	3	2	2.165	31
Guizhou	3	2	2	2	2	2	3	3	3	2	3	2	3	2	2	2.35	29
Hainan	4	3	3	4	3	2	4	3	4	3	4	3	3	3	3	3.34	13
Hebei	4	3	4	3	2	2	3	2	3	3	3	2	3	4	3	3.135	16
Henan	4	3	4	3	2	2	4	3	2	3	3	3	3	3	3	3.08	20
Heilongjiang	4	3	3	3	3	2	3	3	3	3	4	4	4	3	3	3.23	15

123

续表

First-class index	Global navigation		Local navigation	Contextual navigation	Complementary navigation		Context system		Retrieval system			Sign system		IA total score	Ranking
Secondary index	1	2	3	4	5	6	7	8	9	10	11	12	13	14	15		
combinational weight	0.12	0.08	0.12	0.08	0.06	0.04	0.03	0.02	0.09	0.06	0.06	0.06	0.03	0.075	0.075		
Hubei	3	3	4	3	2	3	3	3	4	3	3	3	4	3	2	3.105	19
Hunan	4	4	4	3	3	3	3	2	3	4	4	4	4	2	2	3.36	12
Jilin	4	4	4	4	3	3	3	3	3	3	3	3	3	3	3	3.4	11
Jiangsu	4	4	5	5	3	3	4	4	4	4	4	4	4	4	3	4.025	1
Jiangxi	4	4	3	4	3	3	3	3	4	4	4	4	4	3	4	3.655	5
Liaoning	4	4	3	4	3	2	3	3	4	3	4	3	3	3	3	3.42	9
neimenggu	3	3	3	2	3	2	2	2	2	2	3	3	3	3	2	2.545	25
Ningxia	2	2	3	2	3	3	3	3	2	2	4	3	2	2	2	2.46	27
Qinghai	4	3	3	2	2	2	2	4	3	2	3	3	3	3	2	2.795	23
Shandong	4	3	3	3	3	4	2	2	3	4	4	3	3	4	3	3.245	14
Shanxi	4	3	3	3	3	3	4	3	2	3	4	3	3	3	3	3.12	17

续表

First-class index	Global navigation		Local navigation		Contextual navigation		Complementary navigation		Context system		Retrieval system			Sign system			IA total score	Ranking
Secondary index	1	2	3	4	5	6	7	8	9	10	11	12	13	14	15		
combinational weight	0.12	0.08	0.12	0.08	0.06	0.04	0.03	0.02	0.09	0.06	0.06	0.06	0.03	0.075	0.075		
Shanxi	3	2	3	2	3	3	3	3	4	3	4	3	3	3	2	2.915	21
Shanghai	5	4	4	4	4	3	5	4	4	3	4	4	4	4	3	3.975	3
Sichuan	3	4	3	3	2	3	2	2	3	2	4	3	3	2	3	2.895	22
Tianjing	3	3	4	3	4	4	3	3	4	4	4	3	3	4	3	3.505	8
Xizang	3	3	3	3	2	2	1	1	4	3	3	2	3	3	2	2.755	24
Xinjiang	3	2	3	2	2	2	2	3	3	2	3	2	3	2	2	2.44	28
Yunnan	3	3	2	2	3	2	2	2	3	3	4	2	2	2	2	2.53	26
Zhejiang	4	3	4	4	3	4	3	3	3	3	4	4	3	4	3	3.555	6
Chongqing	3	3	3	2	3	3	4	3	4	3	3	3	3	4	3	3.115	18

(3) The analysis of the relativity between IA grading and regional economy

Comprehensive economy strength is the advantageous supporting for e-government affairs investment, and it is obvious that economy factor has close relation with the development of e-government affairs. In order to clarify the influence of economy factor on the development of governmental websites, it has been investigated about the relation between the IA score and ranking in every province, and Gross Regional Product(**GRP**) and Per Capita Gross Regional Product(**PC-GRP**) (related date from "2-15 Gross Regional Product by Three Strata of Industry(2009)" published by *China Statistical Yearbook* 2010)[6]. It can vividly present the difference between ranking of GRP, ranking of PC-GRP, and ranking of IA by contrasting the difference among every ranking and setting up special column of ranking difference value. In accordance with the ranking difference value, it can be concluded that the bigger the absolute value of the difference value is, the bigger the difference among the ranking is; the smaller the absolute value is, the smaller the difference among the ranking is. And if the absolute value is zero, it means the two rankings keep the same. Positive value means that IA ranking is higher than corresponding output value ranking, and negative value means that IA ranking is lower than corresponding output value ranking. (The detailed as the following table 6-20)

Table 6-20 Contrast of provincial ranking of GRP, PC-GRP and that of governmental websites

provinces, cities and autonomous regions	GRP (billion yuan)	GRP ranking	PC-GRP (yuan/person)	PC-GRP ranking	IA score	IA ranking	Ranking difference value of GRP and IA	Ranking difference value of PC-GRP and IA
Anhui	10062.82	14	16408	26	3.53	7	7	19
Beijing	12153.03	13	70452	2	4.005	2	11	0
Fujian	12236.53	12	33840	10	3.41	10	2	0
Gansu	3387.56	27	12872	30	2.28	30	-3	0
Guangdong	39482.56	1	41166	6	3.88	4	-3	2
Guangxi	7759.16	18	16045	27	2.165	31	-13	-4
Guizhou	3912.68	26	10309	31	2.35	29	-3	2
Hainan	1654.21	28	19254	23	3.34	13	15	10
Hebei	17235.48	6	24581	12	3.135	16	-10	-4
Henan	19480.46	5	20597	19	3.08	20	-15	-1
Heilongjiang	8587.00	16	22447	15	3.23	15	1	0
Hubei	12961.10	11	22677	14	3.105	19	-8	-5
Hunan	13059.69	10	20428	20	3.36	12	-2	8
Jilin	7278.75	22	26595	11	3.4	11	11	0
Jiangsu	34457.30	2	44744	4	4.025	1	1	3
Jiangxi	7655.18	19	17335	25	3.655	5	14	20
Liaoning	15212.49	7	35239	9	3.42	9	-2	0
neimenggu	9740.25	15	40282	7	2.545	25	-10	-18
Ningxia	1353.31	29	21777	16	2.46	27	2	-11
Qinghai	1081.27	30	19454	22	2.795	23	7	-1
Shandong	33896.65	3	35894	8	3.245	14	-11	-6

127

续表

provinces, cities and autonomous regions	GRP (billion yuan)	GRP ranking	PC-GRP (yuan/person)	PC-GRP ranking	IA score	IA ranking	Ranking difference value of GRP and IA	Ranking difference value of PC-GRP and IA
Shanxi	7358.31	21	21522	18	3.12	17	4	1
Shanxi	8169.80	17	21688	17	2.915	21	-4	-4
Shanghai	15046.45	8	78989	1	3.975	3	5	-2
Sichuan	14151.28	9	17339	24	2.895	22	-13	2
Tianjin	7521.85	20	62574	3	3.505	8	12	-5
Xizang	441.36	31	15295	28	2.755	24	7	4
Xinjiang	4277.05	25	19942	21	2.44	28	-3	-7
Yunnan	6169.75	24	13539	29	2.53	26	-2	3
Zhejiang	22990.35	4	44641	5	3.555	6	-2	-1
Chongqing	6530.01	23	22920	13	3.115	18	5	-5

It can be seen from table 4, the relativity between IA score and GRP of every province, city or autonomous region is not very obvious. However, per capita GRP of every province shows relatively good statistics characteristics.

①In general, the degree of agreement between IA ranking and GRP ranking is relatively low, and IA ranking keeps good agreement and has certain relativity with PC-GRP ranking. There are 6 provinces whose IA and PC-GRP ranking keeps completely same. There are 10 provinces, whose difference between IA and PC-GRP ranking is within one grade, 20 provinces within four grades. If the IA score is higher for some provinces, their PC-GRP value is relatively high. For example, the per capita GRP in Jiangsu, Beijing and Shanghai respectively reaches 44744 yuan, 70452 yuan and 78989 yuan, whose IA are listed in the first three ranking, and per capita GRP is respectively listed in the fourth, the second and the first, much higher than that in other provinces, cities and autonomous regions. It is consistent with the status of Jiangsu, Beijing and Shanghai as the political, economic and cultural centre of China. It has given explanation that the degree of informatization in economically developed areas is higher, and government departments pay relatively more attention to the information open for governmental affairs. Citizens have comparatively large requirement for e - government affairs, promoting the development of e - government affairs. While, the degree of informatization in economically underdeveloped areas is relatively low, and the requirement and development of e - government affairs is comparatively slow.

②In addition, there are small number of provinces whose IA and PC - GRP ranking have great difference, for instance, the IA ranking of Jiangxi is listed in the fifth place, while the PC - GRP ranking is listed in the 25th place with the number difference for 20. The IA ranking of Anhui is listed in the 7th place, while the PC - GRP ranking is only listed in the 26th place with the number difference for 19. Although the economy strength in Jiangxi and Anhui provinces is relatively poor, the IA construction level for provincial governmental websites is quite high, showing the attention and focus from relevant departments one - government affairs. On the contrary, the IA ranking for Inner Mongolia is listed in the 25th place, while the ranking for PC - GRP is listed in the 7th place, with the number difference for - 18. In recent years, per capita GDP in Inner Mongolia grows continuously and rapidly, keeping the first place in western part for many years, with vast territory, sparse population, and rich mineral resources and fast developing economy. However, it lacks more concern and devotion for the construction of e - government affairs.

4. Conclusion

Generally speaking, according to the IA evaluation and analysis for Chinese provincial government websites, every provincial government has build up special website and the concept of e - government affairs has deeply been reflected in the construction of government websites. But from the perspective of information architecture, the construction of government website is not very mature and requires further attention and the reinforcement of information architecture. There is comparatively obvious regional variation in the construction of every provincial government website. And the reasons that lead to the difference generally include: economic development level in different region, the degree of reform and opening - up, the degree of attention and devotion to the informatization from government, regional informatization requirement, and the average educational level for citizens and other factors. All in all, the level of regional economy development is relatively high, and the construction of government website is comparatively better, with mutual promotion between these two. Government decision - makers and policy executors in economically underdeveloped regions should change their ideas quickly to understand, accept and attach importance to the importance of the construction of e - government affairs. And the project investment and policy support for government informatization should be carried out in practice, making the e - government affairs as turning point and leading to the deep development for the government reform and local economy.

References:

1. Gan Liren, Cai Lei. On the Application of Information Architecture——Examination & Evaluation of the Government Websites in China. Information Studies: Theory & Application, 2003, 26(6): 487 - 491.

2. Gan Liren, Zheng Xiaofang, Shu Qianqian. IA Evaluation for the Domestic Four Database Websites(1). Library and Information Service, 2004, 48(8): 26 - 29.

3. Gan Liren, Zheng Xiaofang, Shu Qianqian. IA Evaluation for the Domestic Four Database Websites(2). Library and Information Service, 2004, 48(9):28-29.

4. MA Fei-cheng, JIANG Ting-ting. Impacts of Information Architecture on the Development of Contemporary Information Science. Library Tribune, 2003, 23(6):20-25.

5. The official web portal of the Central People's Government of the People's Republic of China. Chinese government bodies[EB/OL]. [2010-12-26]. http://www.gov.cn/gjjg/2005-08/01/content_18608.htm

6. State Statistical Bureau of the People's Republic of China. China statistical yearbook. 2010. Beijing:China Statistics Press, 2010:51-53.

二、展　望

图书馆建设与评价是一个很大的命题，上文仅从图书馆数字资源建设评价的角度做了深入的调查和实践研究，取得一定的研究成果。后续又尝试从不同角度和不同层面上对图书馆建设与评价进行了研究，成功申请教育部人文社会科学研究项目(编号:09YJC870013,名称:高校图书馆社会价值评价指标体系的建立及测定)，并取得了以下研究成果。期待将来在这些研究成果的基础上，进一步深入探讨，为图书馆建设与评价事业贡献图书馆人的一份力量。

(一)高校图书馆社会价值评价研究

1. 高校图书馆社会价值评价研究的前期准备

课题组研究工作的资料准备，主要依托南京大学图书馆丰富的馆藏纸质资源和电子资源，在国内外文献资源的获取上有着很大优势，同时得益于课题组成员的跨机构跨部门合作，能够便捷地获取、利用和共享资源，充分满足了项目前期文献调研工作的需要。

2. 高校图书馆社会价值评价研究的理论和实践意义

高校图书馆的非市场价值和无形效益如何计量，始终困扰着高校图书馆主管部门。主管部门虽已客观感受到高校图书馆的重要性，必须要有持续的投入，但对投入规模很难把握，经费使用绩效无从评估，无法合理地设计资金配置方案。而高校图书馆也为申请资金时缺乏依据而烦恼，只能定性地表述对教学、科研、社会做出了巨大贡献，无法给出量化的价值贡献。通过对高校图书馆社会价值进行货币化测算，用以评价其无形效益，揭示高校图书馆的真实社会职能所在，改变被动地通过申报来安排图书馆经费的审批模式，主动引导图书馆提高经费使用绩效，既可为高校图书馆申报经费提供依据，也可供主管教育部门测算核定高校图书馆经费的投入额度，优化经费配置方案，提高经费使用绩效。突破长久以来被概念化了的"图书馆效益"，对高校图书馆提高自身形象、提升自我价值具有战略性营销意义。

3. 高校图书馆社会价值评价研究的现状及趋势

国外图书馆社会价值评价研究，总体来看发展较快，已经从理论探索逐步走向实证评估，从理论研究转向实践应用。从评估内容上看，最初偏重于硬件设施及人员配置，逐步转向重视服务成效，进而发展到对图书馆社会价值和服务的无形效益评价，更深层地揭示图书馆的社会职能。从评估方法上来看，日益倾向于由图书馆用户来担任评价的主角，同时借鉴其他学科知识和成果，特别注重在实践中加以应用和验证。相比较而言，国内图书馆的评估还处于初级阶段，主要由上级领导或主管部门担任评判者，利用传统的数字统计方法，评价重点仍然侧重于办馆条件和业务建设，基本上还属于有形的、浅层次的评估。

图书馆的公共物品特性，决定了传统评价方法难以测度其真实社会价值。国外研究者已经注意到这一点，开始尝试借助于经济学分析工具，运用非市场价值评估技术来评估图书馆价值。倍受业界学者关注的条件价值评估法（CVM），最初由 Ciriacy–Wantrup 提出，1963 年 Robert K. Davis 首次将其应用于美国缅因州林地宿营、狩猎娱乐的研究，日渐成为西方国家各行业广泛应用的一种非市场价值评估技术。1999 年美国圣路易斯公共图书馆率先将 CVM 应用于图书馆，进行了"公共图书馆服务的价值"测定，随后出现的图书馆应用案例还有：1999 年弗吉尼亚大学图书馆"在大学图书馆使用 CVM 测量参考咨询服务台的读者收益"、2002 年新西兰国家图书馆"评估国家图书馆书目数据库和联合目录价值的研究报告"、2002 年加拿大国家图书馆"基于高校馆及大型公共馆的加拿大国图 MARC 记录使用研究"、2004 年大英图书馆的"测量我们的价值"、2004 年美国佛罗里达州公共图书馆的"纳税人投资佛罗里达州立图书馆的回报率"、2005 年挪威全国范围内的公共图书馆"图书馆价值几何？对挪威公共图书馆的 CVM 研究"、2006 年美国宾夕法尼亚公共图书馆"社区投资回报研究：宾夕法尼亚的公共图书馆"、2006 年美国匹兹堡大学图书馆"证明一个特别服务的价值：一个高校图书馆的期刊馆藏"等等。CVM 在国内的应用主要分布在宏观经济、企业经济、环境科学领域，其次在农业经济、数学、旅游等领域，图书馆相关领域还停留在理论研究层面，没有实质性的 CVM 应用案例。

近年来国内开始关注图书馆的社会效益评估，出现对国外图书馆评估实证案例分析研究的文献，有向实践应用阶段迈进的趋势，但至今尚无真正意义上的实证测评案例。经济学分析评估工具条件价值评估法（CVM）的引入，为图书馆非市场价值的度量提供了有力工具，课题组正是基于此，对 CVM 理论在图书馆的应用进行深入探索，并通过实践应用来进行验证和完善。

4. 高校图书馆社会价值评价研究思路和方法

高校图书馆社会价值形式多样复杂，需要合理分类后区别对待，通过专家访谈融合专家意见来进行正确分类非常关键，对问卷调查表的设计、

AHP层次模型构造等具有决定性作用。AHP层次模型构建与标度系统的选择也是整个评估过程中的重点和难点,直接影响到评估指标体系的形成和指标权重的确定。评价指标设计是否全面,是否科学合理,指标的定义是否明确清晰,如何避免导致评价偏差的因素存在,直接关系到是否能全面正确地反映高校图书馆社会价值的内外特征。调查过程中具有一定的不确定性,通过加强与被调查者的沟通交流,将偏差减少到最低限度。

通过文献调研CVM在各行各业的研究应用情况,重点分析CVM在图书馆及其他公共部门的成功应用案例,以及图书馆资源系统分类及价值构成。通过专家访谈,构建初期评价指标,并据此设计了问卷调查表,结合应用特尔菲法(Delphi)与层次分析法(AHP)确定评价指标体系。在实施特尔菲法的过程中,充分运用计算机和网络进行调查问卷的发布与数据分析,经过经典特尔菲法3轮问卷调查,不断循环反馈,逐轮提高结果精确性,寻求收敛程度最高的专家意见,根据专家评分确定各项指标,融合领域内专家意见和建议。进而构建AHP层次模型,对各层次中各因素进行两两比较以确定各指标相对重要性,建立判断矩阵,计算系统指标组合权重,并进行一致性检验,保证指标权重的科学性和准确性。最终构建形成一套完整的科学的评价指标体系。

以高校图书馆作为研究对象进行实证测评,根据建成的评价指标体系设计问卷调查表,采用问卷调查形式,选择了10位图书馆及院系高级职称专家进行调查访谈,随机选择20位图书馆馆员、20位在读研究生、20位在读本科生进行问卷调查。问卷调查对象不再局限于业内专家,拓宽到普通员层面,以及读者用户层面。通过直接询问支付意愿(WTP)、接收补偿意愿(WTA)法来揭示被调查者的偏好,测定各项评价指标价值量。分析测评结果,进行有效性校验,对测评过程及结果进行必要的校正处理。并对课题研究方法及结果做出总体上的评估。

统计分析问卷调查结果,构建价值评价指标体系,实施价值评估测量。基于条件价值评估法(CVM)对图书馆价值的量化评估进行分析研究和应用,采用专家调查法(Delphi)征询专家意见,利用支付意愿(WTP)、接收补偿意愿(WTA)揭示被调查者偏好,最终解决图书馆社会价值中与非使用价值相关的指标测量。在研究工作过程中充分利用计算机网络技术,利用相关软件编程对调查数据进行自动统计分析,最大限度缩短调查周期。

5. 高校图书馆社会价值评价研究的基本内容

课题研究主要是基于国内外学术文献调研,结合应用经典特尔菲法(Delphi)与层次分析法(AHP)来确定评价指标体系,进而采用条件价值法(CVM)设计问卷调查,通过直接询问支付意愿(WTP)、接收补偿意愿(WTA)来揭示被调查者偏好,获取高校图书馆各项评价指标的非使用价值。课题的基本研究内容为:在高校图书馆社会价值评估过程中,引入经济学中的条件价值评估法(CVM),实现基于CVM的图书馆评估从理论探索研究向实践应用的跨越。

在对国内外CVM应用研究情况进行文献调研基础上,深入分析CVM在各行业内应用的成功案例,着重研究CVM在图书馆方面的理论研究和应用实践。通过专家访谈形式,汇集领域内专家意见,初步构建评价指标,进而设计问卷调查表。采用经典特尔菲法(Delphi),确定专家名单实施调查,融合相关领域专家的意见和建议,根据专家评分来确定各项指标及其相对重要性。结合AHP层次模型的应用,根据关联及隶属关系构成递阶层次模型,通过对各层次中各因素的两两比较的方式确定各指标的相对重要性,构造系统的递阶层次结构,计算系统指标的组合权重,并对结果进行一致性检验和排序,最终形成完整的科学评价指标体系。

针对建成的评价指标体系,选取高校图书馆作为测评对象,基于条件价值评估法进行实证测评分析,进一步地验证评价体系的科学性,探索图书馆社会价值评估模式和方法,为国内高校图书馆社会价值评估提供实证案例借鉴。基于条件价值法(CVM)应用设计问卷调查表,将问卷调查对象从业界专家拓展到馆员层面，甚至到读者用户层面，结合图书馆学、情报学、经济学等多种专业理论和实证案例研究手段，通过直接询问支付意愿（WTP）、接收补偿意愿（WTA）法来揭示被调查者的偏好，获取高校图书馆各项评价指标的非使用价值。在对调查结果的统计处理部分，采用层次分析法建立判断矩阵，计算各项权重并排序，进行有效性校验。

条件价值评估法的引入为图书馆无形效益的度量提供了有力工具。课题组基于条件价值评估法对图书馆价值的量化评估进行分析研究和应用，通过支付意愿（WTP）、接收补偿意愿（WTA）来揭示被调查者偏好，解决图书馆社会价值中与非使用价值相关的指标测量。在对图书馆业界专家和学者调查访谈的基础上，评价分析图书馆资源系统总体价值。问卷调查对象不仅局限于业内学术专家，同时拓宽到业务馆员层面，以及读者用户层面。

6. 高校图书馆社会价值评价研究成果

经过广泛的文献调研，课题组分析了国内外图书馆社会价值评价研究现状，对国外图书馆在 CVM 方面的评估应用案例进行了探讨，认为采用 CVM 可以更好地评估图书馆社会价值，将条件价值评估法的理论基础和实现手段引入到图书馆效益评估的应用当中，设计出定性和定量相结合的高校图书馆绩效评估体系。

借助经济学中关于资源价值分类理论，分析图书馆资源系统的价值构成并对其进行分类研究，针对不同价值类型选择相适应的经济学工具和评估方法，实现对图书馆总经济价值的货币化测定。为公众呈现可视化的图书馆效益，真实感知图书馆资源系统价值所在。将各类资源的各种无形效益分别转化为能被普遍接受的量化数据，最终折算成可计量的货币化的经济效益形式，进而与图书馆总体投入资金比较，测算出社会效益和投资回报率。横向可比较若干图书馆之间的社会价值贡献差异，纵向可比较特定图书馆历年来的发展状况，为图书馆社会价值提供可量化测算的方案，既可优化政府经费配置、合理使用纳税人的钱，还对图书馆提高自身形象、提升自我价值具有战略性的营销意义。同时,进一步地丰富和发展了图书馆评价理论与方法,为图书馆评价提供一种新思路,在实践中推动这一重要课题的深入研究。

在高校图书馆社会价值评估过程中,引入经济学中的条件价值评估法(CVM),实现基于CVM的图书馆评估从理论探索研究向实践应用的跨越,为国内高校图书馆社会价值评估提供实证案例借鉴。运用Delphi专家调查法,汇集领域内专家意见,结合应用层次分析法,最终确定评价指标体系。充分利用计算机网络编程技术,自动发布、统计、分析,并实时反馈数据结果,最大限度地缩短调查周期,节约研究成本。结合图书馆学、情报学、经济学等多种专业理论和实证案例研究手段,对高校图书馆社会价值进行实证分析,进一步验证评价体系的科学性,探索图书馆社会价值评估模式和方法。

7. 学术价值和应用价值

高校图书馆非市场价值的无形效益如何计量,始终困扰着高校图书馆主管部门。主管部门对投入规模和经费使用绩效无从评估,无法合理设计资金配置方案。而高校图书馆也为申请资金时缺乏依据而烦恼,无法提出可比的尺度来衡量。因此,高校图书馆社会价值很有必要进行货币化测算,用以评价其无形效益,揭示高校图书馆的真实社会职能所在。课题将引入投资回报率作为衡量经费使用绩效的标度,改变被动的图书馆经费申报审批模式,主动引导图书馆提高经费使用绩效,既可为高校图书馆申报经费提供依据,也可供主管教育部门测算核定高校图书馆经费的投入额度。

图书馆的公共物品特性,决定了传统评价方法难以测度其真实社会价值。而经济学分析评估工具条件价值评估法(CVM)的引入,为图书馆非市场价值的度量提供了有力工具。课题选题正是基于这一点,对CVM理论在图书馆的应用进行深入探索,并通过实践应用来进行验证和完善。

鉴于图书馆社会价值形式多样复杂,通过专家访谈对其进行分类和区别对待,合理分类有利于问卷调查表的设计和AHP层次模型构造,对评估指标体系的形成和指标权重的确定产生直接影响,最大可能地避免了导致评价偏差的因素存在,全面正确地反映高校图书馆社会价值的内外特征。调查过程中重视和强调与被调查者联系和反馈,将偏差减少到最低限度。对层次分析法中的标度系统的选择进行了深入比较,最终确定采用"等差分级、等比赋值"的指数标度系统,获得非常满意的一致性检验结果。进一步拓宽进行深层次挖掘的思路,避免实证研究成果局限于统计结果。在建立评价指标体系的过程中,经过充分的文献调研和专家调查,使得评价指标体系更具权威性和通用性;结合运用特尔菲专家调查法和层次分析法来确定各评价指标权重值,尽可能地减少了主观随意性,使得评价指标权重的确定也更具科学性;在调查周期及研究成本允许的情况下,扩大了评估样本数量,确保研究结果的客观性。

课题组从高校图书馆角度切入,充分调研其社会价值形式的多样性、复杂性和独特性,对其非市场价值进行合理分类和界定,分别制定无形效益货币化方案,在定性分析基础上进行定量处理。针对高校图书馆社会价值建立起一套科学有效的评价指标体系,测算其社会效益和投资回报率。改变被动地通过申报来安排图书馆经费的审批模式,发挥软科学指导作用,将研究成果用于指导经费测算,优化经费配置方案,主动向绩效显著的高校图书馆倾斜,提高经费使用绩效。突破长久以来被概念化了的"图书馆效益"。

本课题最终形成的研究成果,不仅对高校图书馆无形效益核算、政府优化经费配置等提供了可量化测算的方案,而且对高校图书馆提高自身形象、提升自我价值具有战略性营销意义。理论上还可推广应用于公共图书馆和专业图书馆,为其提供可借鉴参考的评价模型。

(二)图书馆社会价值评价指标体系研究

【摘要】本文对图书馆社会价值评估进行了深入思考,系统性提出基于条件价值评估法来构建符合图书馆行业实际、能真实反映图书馆社会价值的评价指标体系,并对建立评价指标体系的具体方法和步骤进行研究探讨。

【关键词】图书馆;社会价值;评价指标体系;条件价值评估法

1. 引言

随着数字化时代的到来,图书馆事业得到了空前迅猛的发展,对社会产生作用的形式及影响的力度发生着越来越深刻的变化。作为公共部门的图书馆,虽不以追求经济利益最大化为目的,但要以发挥最大社会效益为宗旨。如何对图书馆社会效益进行评估,衡量一个图书馆的建设发展水平,业界已展开广泛且深入的研究,然而尚未能形成统一认识。

图书馆的公益性和文化性,决定了它的效益主要是创造社会效益,且它所创造的社会效益具有间接性、隐蔽性和滞后性。图书馆社会效益包括有形效益和无形效益,随着对图书馆有形资产及其效益评价的研究逐步深入,已形成比较普遍认同的评估体系,并且被广泛应用于各类图书馆的评价分析,如:教育部的评价体系、公共图书馆评价体系等等。但是图书馆无形价值的研究在国内却显得相对滞后,仍停留在理论研究阶段,尚未出现真正意义上的实证分析案例。本文通过对国内外图书馆社会价值评价研究的现状分析,借鉴国外应用经济学分析工具评价图书馆价值的成功案例,系统性提出运用条件价值评估法(Contingent Valuation Method,缩写:CVM)对图书馆的社会效益进行量化评估研究,探讨基于CVM构建评价指标体系的方法及实证分析步骤,以期真实地反映出图书馆社会价值所在。

2. 图书馆社会价值评价研究目的和意义

图书馆社会价值的无形效益如何计量,始终困扰着图书馆的主管部门。一方面,毋庸置疑主管部门对图书馆重要性已相当了解,需要有持续的投入,但投入规模难以把握,经费使用绩效无从评估,无法设计合理的资金配置方案。另一方面,图书馆也在为缺乏申请资金依据而烦恼,只能定性表述对教学、科研、社会做出了贡献,但是图书馆的贡献到底有多大?效益到底是多少?科研成果和社会效益的产生,有多少是来源于图书馆的贡献?始终没有可比的尺度来衡量。因此,很有必要对图书馆社会价值进行货币化测算,用以评价其产生的无形效益,揭示图书馆的真实社会价值。

本文探讨采用定性和定量分析相结合的方法,通过经济学分析工具,来建立科学合理的评价指标体系,将各种无形效益分别转化为能被普遍接受的量化数据,最终折算成可计量的货币化的经济效益形式,进而与图书馆总体投入资金比较,测算出社会效益和投资回报率。横向可比较若干图书馆之间的社会价值贡献差异,纵向可比较特定图书馆历年来的发展状况,为图书馆社会价值提供可量化测算的方案,既可优化政府经费配置、合理使用纳税人的钱,还对图书馆提高自身形象、提升自我价值具有战略性营销意义。改变被动地通过申报来安排图书馆经费的审批模式,充分发挥软科学的指导作用。理论上还可移植应用于其他社会公共部门的评价,为其他非营利性公共部门提供一个参考借鉴的评价模式。进一步丰富和发展图书馆评价理论与方法,为图书馆评价提供一种新思路,在实践中推动这一重要课题的深入研究,突破长久以来被概念化的"图书馆效益"。

3. 图书馆社会价值评价研究现状

(1)国外研究现状

国外图书馆社会价值评价研究发展较快,已经历理论探索阶段,进入实用评估时期,从理论研究转向实践应用研究,从定性分析向定量分析发展,从基于输入输出指标的评估发展到基于服务效果和用户意见的评估。从评估内容上看,由最初偏重于硬件设施及人员配置,逐渐转向重视服务成效,进而发展到对图书馆社会价值和服务的无形效益评价,更深层地揭示图书馆的社会职能。从评估方法来看,日益倾向于由图书馆用户来担任评价的主角,同时借鉴其他学科知识和成果,采用经济学分析工具,从支付意愿、接受补偿意愿、经济价值评估、成本效益等角度进行探索研究,针对图书馆某个方面的无形效益进行量化评价,特别是注重在实践中加以应用和验证。

图书馆的公共物品特性,决定了传统评价方法难以测度其真实社会价值,需要运用到非市场价值的评估技术。国外研究者已经注意到这一点,开始借助经济学分析工具来对图书馆社会价值进行评价,其中广泛运用到 CVM。最初由 Ciriacy-Wantrup 于 1947 年提出[1],1963 年 R. K. Davis 首次将其应用于美国缅因州林地宿营、狩猎娱乐的研究[2]。CVM 作为非市场价值评估技术中最为重要、应用最为广泛的一种方法,在西方国家各行业得到日益广泛的应用,在图书馆方面的应用也时有报道。1999 年美国圣路易斯公共图书馆率先将 CVM 应用于图书馆,进行了"公共图书馆服务的价值"测定[3]。在随后的图书馆应用案例还有:1999 年弗吉尼亚大学图书馆"在大学图书馆使用 CVM 测量参考咨询服务台的读者收益"[4]、2002 年新西兰国家图书馆"评估国家图书馆书目数据库和联合目录价值的研究报告"[5]、2002 年加拿大国家图书馆"基于高校馆及大型公共馆的加拿大国图 MARC 记录使用研究"[6]、2004 年大英图书馆的"测量我们的价值"[7]、2004 年美国佛罗里达州公共图书馆的"纳税人投资佛罗里达州立图书馆的回报率"[8]、2005 年挪威全国范围内的公共图书馆"图书馆价值几何?对挪威公共图书馆的 CVM 研究"[9]、2006 年美国宾夕法尼亚公共图书馆"社区投资回报研究:宾夕法尼亚的公共图书馆"[10]等等。概括起来大致分为两类:一类是对图书馆整体经济价值进行测评;二是针对图书馆某一个具体服务产生的价值进行测评。

(2)国内研究现状

相比较而言,国内图书馆的评估还处于初级阶段,主要还是由上级领导或主管部门作为评判者,利用传统的数字统计方法,评价重点仍然侧重于办馆条件和业务建设,诸如馆舍面积、硬件设备、人员学历层次、年购书量和藏书量等等,基本上还属于有形的、浅层次的评估。近年也开始出现图书馆社会效益评估的理论探索,并逐步关注实践意义上的评估研究,有进入实践应用阶段趋向,但还没有出现有效地对图书馆各类无形效益量化的方法,尚未形成可操作性强的评价指标体系,缺少针对图书馆社会价值评价的实证分析案例。

国内目前有关 CVM 的应用研究,主要分布在宏观经济、企业经济、环境科学领域,其次在农业经济、数学、旅游等领域也有涉及。根据 CNKI 检索,涉及图书馆领域 CVM 相关文献仅有数篇,且基本上停留在述评及理论研究层面,没有一篇是 CVM 的图书馆应用实证案例分析[11-14]。可见国内近年来已开始关注图书馆社会效益评估的理论探索,出现研究基于 CVM 评估图书馆社会价值的文献,但至今尚无真正意义上的实证测评。正是鉴于此,本文尝试将 CVM 理论应用到图书馆社会价值评估中,探索构建科学的评价指标体系,设计具体的图书馆社会价值实证案例分析步骤,用于对图书馆的社会价值进行科学测算。

4. 评价研究方法及步骤

图书馆的公共物品特性,决定了传统评价方法难以测度其真实社会价值,而经济学分析评估工具条件价值评估法(CVM)的引入,为图书馆非市场价值的度量提供了有力工具。CVM 作为非市场价值评估技术中最为重要、应用最为广泛的一种方法,在西方国家各行业得到日益广泛的应用。本文探索 CVM 理论在图书馆的应用,将不同类型非市场价值进行合理分类和界定,分别制定无形效益货币化方案,在定性分析基础上进行定量处理,进而与图书馆总体投入资金比较,测算其社会效益和投资回报率。

(1) 研究方法

CVM 是近年来国内外广泛应用于计量公众对公共资源及服务的支付意愿(Willingness to pay,WTP),并进一步获得非使用价值的标准方法,也称为意愿调查评估法。1963年美国哈佛大学博士R. K. Davis最早应用此法评估美国缅因州的滨海森林娱乐价值;1984年美国加州大学农业资源经济学系W. M. Hanemann教授建立了CVM与随机效用最大化原理(Random utility maximization,RUM)的有效联系,为CVM奠定了经典经济学基础。世界上已有100多个国家开展相关应用,研究案例已有数千个。我国也有若干研究案例,大部分集中在对自然资源与环境价值的评估方法介绍和应用,图书馆方面的应用研究寥寥无几。总体来说,CVM在国内图书馆界的应用研究尚处于起步阶段。

条件价值评估法的引入,可以为图书馆无形效益的度量提供有力工具,在一定范围内将图书馆无形效益"可视化"。评价指标设置上必须经过充分的文献调研和专家调查,融合相关领域专家的意见和建议,使得评价指标体系更具权威性和通用性,结合运用Delphi专家调查法和层次分析法(AHP,Analytic Hierarchy Process)来确定评价指标的权重值,尽可能减少主观随意性,使得评价指标权重的确定也更具科学客观性。提出可行性图书馆社会价值研究理论,构建评价指标体系,并作实证案例分析,进一步验证评价体系的科学性,实现基于CVM的图书馆评估从理论探索研究向实践应用的跨越,为国内图书馆社会价值评估提供实证案例借鉴。

图书馆社会价值形式复杂多样,需要合理分类和区别对待,通过专家访谈和Delphi调查法来正确分类是非常关键的步骤。AHP层次模型构建与标度系统的选择也是整个评估过程中的重点,直接影响到评估指标体系的形成和指标权重的确定。评价指标设计是否全面,是否科学合理,指标的定义是否明确清晰,直接关系到能否全面正确地反映图书馆社会价值,也需要重点对待,避免影响评价者客观评价而导致出现偏差。另外,调查过程中具有一定的不确定性,需要加强与被调查者联系和反馈,将偏差减少到最低。

对支付意愿平均值和中点值进行优劣比较,找到一个计量研究区域经济价值的合理尺度。对支付意愿和受访者个人社会经济信息变量如收入、年龄、学历、对图书馆认知态度进行多元分析,通过对不同 CVM 问卷模式的支付意愿结论进行比较,分析研究 CVM 问卷模式的效应。充分利用 SAS、SPSS、EXCEL 等统计分析软件对受访者的支付意愿平均值和中点值进行统计分析。利用获得的支付意愿结论,计算和比较图书馆社会价值。基于实证研究数据,对 CVM 的方法学进行讨论,进一步就 CVM 问卷的设计和调查原技术、数据分析技术、偏差分析与控制、模式差异、WAT/WTP 不对称性,CVM 可靠性和有效性的验证等技术性问题展开一系列分析与讨论,为国内图书馆社会价值评估研究提供参考借鉴,展示条件价值法在图书馆社会价值评估研究中的应用前景。

(2)实施步骤

基于 CVM 的工作流程可以归结为:(1)确定调查对象和调查范围;(2)通过预调查对问卷进行精心设计;(3)问卷调查;(4)数据汇总;(5)调查结果统计分析;(6)有效性检验。其中以问卷设计和统计分析中推导平均支付意愿的计算模型为最关键环节。具体实施过程,大致可以设计成以下五个步骤:

①文献调研和前期准备

对国内外 CVM 在各行各业的相关应用研究情况进行文献调研,深入分析 CVM 在其他公共部门的成功应用案例,着重研究国内外 CVM 在图书馆方面的理论研究和应用实践,分析其中存在的问题和不足,并引起重视,避免在具体实施中再次发生。比较已有的各类针对图书馆的评价指标体系,对其科学性、合理性、可行性做出必要的评估,以备借鉴参考。

②评价指标体系的构建

在文献调研基础上,设计问卷调查表,确定专家名单,进行 Delphi 专家调查,融合相关领域专家的意见和建议,初步形成评价指标架构。在实施特尔菲法的过程中,可根据具体情况,采用经典特尔菲法或减轮特尔菲法。经过 3-4 轮的问卷调查,每轮调查都是一个螺旋上升过程,不断循环及时反馈,让专家吸收新的信息,在认识上更深刻更全面,逐轮提高结果的精确性。在最后一轮调查结束后,将回收的调查表进行汇总统计分析,寻求收敛程度最高的专家意见。

构建 AHP 层次模型,根据关联及隶属关系构成递阶层次模型,运用层次分析法构造判断矩阵。依据专家对各项指标的评分,进行同层指标的两两比较,确定各层次各指标的相对重要性,计算系统指标的组合权重。进行一致性检验,保证指标权重的科学性和准确性,最终构建形成一套完整的科学的评价指标体系。

③针对选定图书馆进行实证测评

确定某一所或若干所图书馆作为测评对象。针对建成的评价指标体系,应用条件价值法设计问卷调查表,从业界专家、图书馆员、读者用户等多个层面选取足够量的调查对象进行问卷调查,通过直接询问支付意愿(WTP)、接收补偿意愿(WTA)法来揭示被调查者的偏好,获取图书馆各项评价指标的非使用价值。对调查结果的统计处理仍然可以采用层次分析法。

④分析测评结果,进行有效性校验。若确有必要,还需考虑辅之以实验法、内容分析法等手段,对测评过程及结果进行必要的校正处理。

⑤对课题研究方法及结果做出总体上的评估,供评价对象单位参考利用。

5. 结束语

基于可持续发展角度,科学评价图书馆社会价值具有重要的管理和决策意义,图书馆社会价值评价已成为图书馆业界研究热点和焦点之一。直接市场技术是当前较多采用的无形效益评价方法,评价的价值内容则多局限于使用价值,图书馆服务的非使用价值在理论上虽已得到广泛认定,但其价值评估工作并未得到有效跟进。条件价值法是评价公共物品尤其是非使用价值的标准方法之一,尽快在国内图书馆评估研究中引入,并在实证分析中逐渐完善,是国内图书馆研究的重要课题。本文通过大量文献调研,从总体上论述了当前国内外图书馆社会价值评估研究现状、进展及特点,对图书馆社会价值无形效益评估进行了探索性思考,对条件价值法在图书馆领域的应用发展及其经济学原理作了相关描述,系统性提出构建基于条件价值评估法的评价指标体系的方法和步骤,供业界专家参考指正。

【参考文献】

[1] Venkatachalam L. The contingent valuation method: a review [J]. Environment Impact Assessment Review, 2004, 24: 89 - 124.

[2] Davis R K. The value of outdoor recreation: an economic study of the Maine Woods [D]. Cambridge: Harvard University, 1963.

[3] Holt G E, Elliott D, Moore A. Placing a value on public library services[J]. Public Libraries, 1999, 38(2): 98 - 108.

[4] Harless, David W., Allen, Frank R. Using the Contingent Valuation Method To Measure Patron Benefits of Reference Desk Service in an Academic Library[J]. College & Research Libraries, 1999, v. 60, no. 1: 56 - 69.

[5] McDermott Miller Limited. National Bibliographic database and National Union Catalogue: Economic evaluation. Research report for Electronic Services Directorate, National Library of New Zealand. Wellington: McDermott Miller Limited, 2002.

[6] Beheshti, J. The use of NLC MARC records in Canadian Libraries, Phase I: University and Large Urban Public Libraries, final report[R]. Montreal: McGill University, Graduate School of Library and Information Studies, 2002.

[7] British Library. Measuring our value[EB/OL]. [2008 - 10 - 02]. http://www.bl.uk/pdf/measuring.pdf

[8]Taxpayer return on investment in Florida public libraries[EB/OL]. [2008 - 10 - 10]. http://dlis. dos. state. fl. us/bld/roi/pdfs/ROISummaryReport. pdf

[9]Svanhild A. Are public libraries worth their price? Acontingent valuation study of Norwegian public libraries[J]. New Library World,2005,106 (11):487 - 495.

[10] Griffiths, Jose - Marie, Donald W. King, Sarah E. Aerni. Taxpayer Return - on - Investment ROI in Pennsylvania Public Libraries[R]. University of North Carolina,School of Information and Library Science,2006.

[11]钱佳平,刘兹恒. 国外基于投资回报的图书馆价值研究:述评与启示[J]. 中国图书馆学报,2008(06).

[12]殷沈琴. 条件价值评估法在公共图书馆价值评估中的应用[J]. 图书馆杂志,2007(03).

[13]殷沈琴,温国强. 图书馆物有所值吗?——国外图书馆应用CVM测量投资回报率的实践述评[J]. 图书馆理论与实践,2008(04).

[14]赵宇翔. 基于条件价值评估法的信息生态价值评估:以城市公共图书馆为例[J]. 图书情报工作,2007(08).

(三)条件价值法引入图书馆社会价值评估的可行性分析

【摘要】条件价值法(CVM)在国内已用于生态、环境保护及公共设施建设等众多领域,但是尚未引入图书馆社会价值评估中。从现有的CVM应用案例来看,CVM尚有不足之处,需要充分做好前期准备,进行合理的调查问卷设计、对调查结果进行可靠性检验,以尽早实现图书馆社会价值的评估与测算。

【关键词】条件价值法;图书馆评估;社会价值

1. 条件价值法概述

条件价值法(Contingent Valuation Method,简称 CVM)亦称意愿价值

评估法、权变估值法、调查评价法,是针对公共物品非市场价值进行评估的方法。其中,公共物品(Public goods)是指不能通过市场交换来满足公共需求的财产或服务,如宿营林地、生态环境、文化古迹等。公共物品具有两大特点:"一是非涉他性,即一个人消费该物品时不影响另一个人的消费;二是非排他性,即一个人在消费该物品时没有理由排除也不能排除其他人消费这种物品。"[1]虽然公共物品不存在市场价值,但是CVM可通过问卷调查的方式,以某项公共物品可能失去为前提,了解被调查者为继续使用或享有这一公共物品所愿意支付的最高金额(Willingness to Pay,简称WTP)或是为失去该公共物品愿意接受的最小补偿(Willingness to Accept,简称WTA),再根据WTP或WTA建立数学模型,对公共物品进行估价。

1963年,Davis R. K. 首次运用CVM研究美国缅因州林地宿营、狩猎的娱乐价值[2]。此后,CVM被广泛"用于各种公共物品及相关政策的效益评估,除休闲娱乐和观赏价值外,还涉及大气质量、健康风险、水质、有毒废弃物、核污染风险、文化和艺术等诸多领域"[3]。随着CVM的研究方法日趋成熟,它逐渐成为外国非市场价值评估的主要方法。

事实上,早在1987年CVM就被引入中国并被应用于三峡工程的生态环境损失研究中[4],但是由于CVM本身的不确定性,并未在我国获得广泛应用。直到最近10年,国内关于CVM应用案例的研究才逐渐增多。笔者统计了1999—2009年被CNKI收录的各领域关于CVM的文章,数量已达171篇,而且其中绝大部分仍属于生态与环境保护领域的研究(见图6-2),将CVM应用于图书馆学领域的只有寥寥数篇关于CVM的介绍性文章。

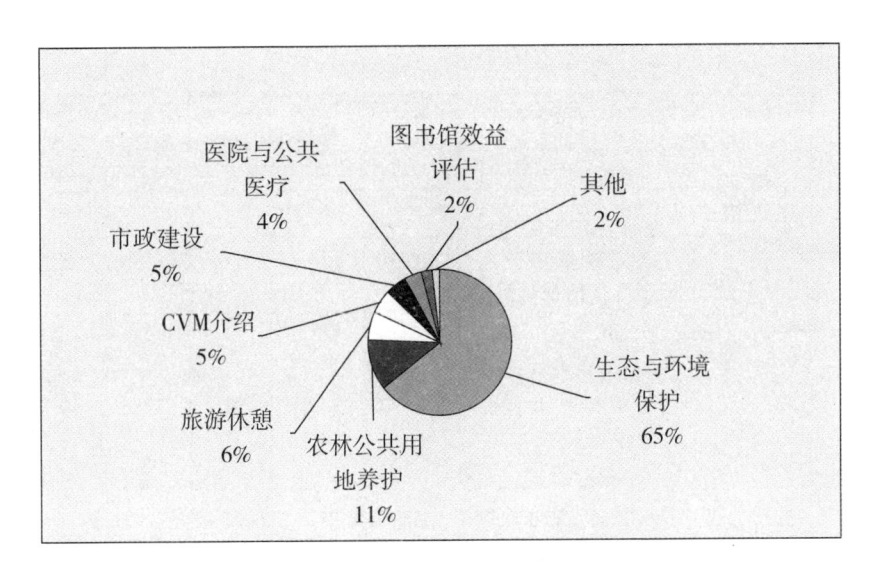

图 6-2　截至 2009 年我国 CVM 应用领域分布图

图书馆作为公共文化设施与机构,无论是公共图书馆还是高校图书馆都具有公共物品的特征,因此可以引入 CVM 对图书馆效益进行评估,而且国外已不乏类似的案例研究[5]。目前国内其他领域已有 CVM 的应用案例研究,这对图书馆学引入 CVM 进行效益评估具有借鉴意义。因此,本文试图通过对其他领域 CVM 的应用案例进行分析,为 CVM 在图书馆社会价值评估中的应用研究提供具体操作层面的指导。

2. CVM 在国内公共物品非市场价值评估中的应用

本文限于篇幅,只选择了被引频次较高的生态研究案例作为分析对象,分析对象的各项具体情况见表 6-21。

表6-21　CVM在生态领域研究的应用案例

被引频次/次	研究者	研究项目名称	研究时间	问卷模式	有效样本数/份	有效样本比例/%	评估结果/(亿元/年)
147	张志强、徐中民、程国栋、苏志勇	《黑河流域张掖地区生态系统服务恢复的条件价值评估》[6]	2002年	支付卡	621	91.86	0.25
104	薛达元	《长白山自然保护区生物多样性非使用价值评估》[7]	2000年	支付卡	603	64.56	49.65
51	杨凯、赵军	《城市河流生态系统服务的CVM估值及其偏差分析》[8]	2005年	单边界二分式	507	79.22	6.34
31	庄大昌	《基于CVM的洞庭湖湿地资源非使用价值评估》[9]	2006年	不详	748	74.8	57.80
31	郭剑英、王乃昂	《敦煌旅游资源非使用价值评估》[10]	2005年	支付卡	488	97.70	0.12
20	许抄军、刘沛林、王良健、陈友龙	《历史文化古城的非利用价值评估研究——以凤凰古城为例》[11]	2005年	支付卡	612	38.73	31.40

(1)《黑河流域张掖地区生态系统服务恢复的条件价值评估》[6]

该项目调查的目标是了解流域居民对改善区域生态系统服务而产生的福利的最大支付意愿(WTP)。考虑到调查对象(黑河流域的居民)不熟悉市场定价行为,之前缺乏类似的研究成果可供借鉴,难以确定向被调查者随机提供的投标数量,因此没有采用二分式选择问卷模式,而是采用支付卡的问卷模式。这样一来,被调查者只需在一些有序排列的投标数量中选择肯定愿意支付的最大数量和肯定不愿意支付的最小数量即可。支付卡提供了28种支付数额,从0元到600元不等。CVM调查采用随机抽样的方式与被调查者进行面对面交谈,保证了极高的问卷反馈率,回收有效问卷91.86%。同时,由于调查问卷中详细介绍了黑河流域未来5年的生态恢复和保护计划,减小了因被调查者对信息了解不全面而带来的选择偏差。

在数据处理过程中,由于被调查者的WTP相对集中,因此在计算过程中只需对极少数散点进行中位值处理。该项目通过计算分析,得出黑河流域居民对恢复张掖地区生态系统服务的人均最大支付意愿为45.9—68.3元/年,然后以黑河流域的居民总户数为推导总样本数,得出该生态系统恢复的总价值至少为2 246.28万元/年。

(2)《长白山自然保护区生物多样性非使用价值评估》[7]

该项目调查采用定向取样的邮件调查方法,其优势在于:一方面可以以较低的费用向被调查者提供全面、完整的信息;另一方面,定向取样保证了较高的反馈率(达64.56%)。其调查目标是了解被调查者为保护长白山自然保护区的生物多样性、确保该保护区存在而每年愿意支付的金额。调查表采用支付卡模式,支付卡提供了44种支付数额,从1分钱到800元以上不等,而且特设专栏提醒被调查者中国有若干保护区与物种的保护需要这种支付。在数据处理上,该项目分别分析了被调查者的收入、专业背景、地理位置、社会经济情况等因素对支付意愿和支付数额的影响。通过对调查结果进行分析,可得出该项目的WTP为人均33.3元/年,然后以全国城镇职工总人数为推导总样本数,得出长白山自然保护区生物多样性的非使用价值为49.65亿元/年。值得注意的是,该项目研究还重点分析了可能导致研究出现偏差的几种情况,如策略偏差、地位偏差、奉承偏差、外行人偏差、误解偏差等。

(3)《城市河流生态系统服务的CVM估值及其偏差分析》[8]

该项目调查了上海浦东张家浜区域居民河流生态系统服务改善的支

付意愿及其总经济价值。调查问卷主要由街道居委会协助发放，有效问卷回收率达79.22%。调查问卷采用单边界二分式问卷，有效避免了CVM研究中的起点偏差（Starting Point Bias）。从结果来看，单边界二分式问卷设计能够较好地界定支付意愿的范围和分布形态，对于支付意愿平均值的计算具有较高的统计效率，而且问卷的设计调查过程较好地控制了CVM研究中的一些常见偏差。同时，该项目重点对二分式CVM研究中的相关问题进行了探讨，如问卷设计、偏差分析、CVM的可靠性与有效性的计量经济学验证过程等。

(4)《基于CVM的洞庭湖湿地资源非使用价值评估》[9]

该项目采用两种调查方式：在环湖区对过往人群采用面对面的交谈方式，发放问卷300份；对全国其他地区采用邮寄调查方式，发放问卷700份。调查共回收有效问卷748份，问卷有效回收率达74.8%。但是该项目的研究报告并未说明其问卷模式。经过数据统计，该项目研究得出全国样本的人均WTP为26.5元/年，然后以当年全国城镇职工人口数为推导总样本数，得出洞庭湖湿地资源非使用价值为57.80亿元/年。

(5)《敦煌旅游资源非使用价值评估》[10]

该项目的调查对象为前来敦煌市旅游的国内游客。由于采用了面对面的交谈方式，有效问卷的回收率较高，达97.70%。调查问卷采用支付卡模式，提供了14个支付额度，从0元到200元不等。该项目通过调查得出敦煌市旅游资源的人均WTP为20.29元/年，然后以当年敦煌市的游客总人次为推导总样本数，得出敦煌市旅游资源的WTP总值为1 200万元/年。

(6)《历史文化古城的非利用价值评估研究——以凤凰古城为例》[11]

该项目调查采用邮件和现场发放问卷两种方式，共发放问卷1 580份，其中通过电子邮件发放120份、于国庆期间在凤凰古城向游客发放300份，总计回收612份，问卷有效回收率仅为38.73%。调查问卷采用支付卡模式,提供了28个支付额度,从0元到800元以上不等。在612份有效问卷中,有280人表示愿意支付,占总样本的45.75%。平均意愿支付的WTF值为111.47元,中位值是45.0元。该研究认为,由于不同受调查者的WTF值相差较大,平均值容易造成大的误差,故采用中位值作为人均WTF值。然后,以当年全国城镇就业人口为推导总样本数,并假定其中有45.75%的人愿意支付,最终算出凤凰古城的WTP总值为314 019万元/年。

3. 图书馆学引入CVM需注意的问题

CVM无疑为图书馆社会价值评估提供了新的途径,从侧面解决了图书馆效益无法量化的问题。但是通过对上述案例的分析可知,用CVM评估图书馆社会价值时需要特别注意如下几个方面。

(1) CVM的前期准备

a. 明确调查指向

一般应用CVM的目的在于探寻公共物品的非市场价值,一旦公共物品没有市场价值,那么被调查者的支付意愿将指向一个设想中的虚拟市场。由此来看,《敦煌旅游资源非使用价值评估》的调查出发点是存在问题的。众所周知,敦煌莫高窟、鸣沙山等名胜古迹向游客收取门票费用,即已存在市场价格,在这样的前提下剥离出它的非使用价值则相当困难,而且收取门票费用会影响被调查者的回答结果,因此会有37.34%的游客认为此种支付应该由国家或旅游企业出资,21.52%认为门票价格太贵或者此种支付应该已包含在门票之中。由此可见,用CVM评估图书馆社会价值时必须谨慎处理图书馆的收费项目,要么将这些收费项目排除在调查指向之外,要么对某些项目进行单独评估。

b. 确定总样本范围,设计抽样方式。

支付总量的大小与推导的推导总样本数直接相关。从《敦煌旅游资源非使用价值评估》和《历史文化古城的非利用价值评估研究——以凤凰古城为例》的CVM结果来看,WTP总值分别为1 200万元/年和31.40亿元/年,差距极大,其主要原因是《敦煌旅游资源非使用价值评估》以当年的敦煌游客总数为总样本数,而《历史文化古城的非利用价值评估研究——以凤凰古城为例》则以全国城镇就业人口数为总人口样本数。

在确定总样本范围之后,应依据具体的范围设计抽样方式,而且要严格按照统计学原理随机抽样,合理分配问卷。例如,《历史文化古城的非利用价值评估研究——以凤凰古城为例》调查中最终选择以全国城镇就业人口数为总人口样本数,如果再选择抽样调查方式,则显然会造成数据偏差。首先,1 580份调查的有效问卷回收率仅为38.73%,使得调查失去了代表性;其次,300份调查问卷对凤凰古城里的游客发放,面对面交谈的抽样数还不到总样本数的1/5,加重了样本的支付倾向,导致评估结果很难令人信服。

c. 选择合适的调查方法

CVM问卷调查主要采用面对面交谈、邮件调查、电话调查3种方式。其中,面对面交谈有助于访问人与受访者进行互动,便于随时对可能引起的误解进行解释说明,但是成本较高;邮件调查尤其是电子邮件调查的成本较低,但是通常反馈率也较低;电话调查比邮件调查略为直接,比面对面交谈的成本略低,但是不便于对调查问卷中有歧义的内容进行详尽解说。采用何种调查方式应视样本范围、问卷内容的具体情况而定。例如,高校图书馆由于读者一般都在校园,较易采取面对面交谈的调查方式,而公共图书馆则较适宜采用邮件调查或电话调查方式。

(2)调查问卷设计

a. 相关信息说明

问卷的第一部分一般是对相关信息的说明。首先,应提供详细的调查背景。通常情况下,支付意愿及其数额与人们对被评价公共物品的了解程度相关。既然CVM将公共物品的非市场价值置于虚拟的市场中,那么受访者只有对于被调查的公共物品越了解,才能出价越准确。其次,应阐明调查目的,对可能引起争议的问题提前做出说明,以避免因误解带来的偏差。例如,将公共物品的非市场价值置于虚拟市场中,要说明调查的目的,防止被调查者因公共物品的某部分是收费服务而做出抗议性回答,导致出现抗议支付反应偏差(Protest Response Bias)。

因此,在图书馆社会价值评估中,不能笼统地询问被调查者愿意为图书馆服务支付多少钱,而要在调查前将图书馆的各项服务尤其是某些收费项目进行仔细的划分和介绍,以便被调查者对调查内容有明确的认识和理解。

b. 选择合适的 WTP 引导模式

从上述案例可以看出,国内 CVM 研究更偏重于 WTP,很少提及 WTA,而且支付意愿调查模式基本以支付卡模式为主,采用单边界二分式调查模式的较少,采用双边界二分式调查模式的则更少[12]。相比较而言,支付卡模式为没有评估经验的受访者提供了直接选项,更容易被接受;单边界二分式调查模式有助于获知被调查者的意愿,但是容易产生起点偏差。至于在实践中采用哪种调查模式,还需要根据被调查者的总体文化素质而定。

(3)可靠性检验

现有 CVM 应用案例中,对评估结果可靠性进行检验的较少。事实上,由于 CVM 在应用过程中极易出现偏差,CVM 的可靠性检验尤为必要。可靠性检验大致有 3 种方式:①采用同样的调查手段,对同样的受访者在首次试验一定时间后进行再次调查,检验先后两次调查结果的一致性;②采用同样的调查手段,在两个不同时间段调查同一目标人群中两个不同的样本组,看结果是否具有稳定性;③在同一时间、同一条件下,采用同一 CVM 问卷调查两个不同样本组,以检验采样方案的适宜性。[3]总之,无论采用何种方式,可靠性检验既有助于检验 CVM 的评估结果,也有助于检验方法本身的可重复性和稳定性,以排除偶然因素导致的偏差。

4. 结 语

CVM 作为公共物品非市场价值评估的主流方法,完全可以引入到图书馆社会价值评估中。而所谓的"由于这种评估方式与以往主管部门对图书馆业绩的评估方式不一致,一旦两者结果不相同,有关部门将会重新审视其原来对图书馆的绩效认定,并有可能推翻已经给予图书馆的肯定"[13]的说法,显然是多虑了。但是需要注意的是,将CVM无论是应用于生态环境价值评估还是应用于休闲旅游价值评估,都需要对调查内容和对象有明确的限定。因此,将CVM应用于图书馆社会效益评估时,还需要进一步细分其具体调查指向,因为不同的读者群倾向于不同服务方式和内容。

【参考文献】

[1] 薛达元. 环境物品的经济价值评估方法:条件价值法[J]. 农村生态环境,1999(3):39-43.

[2] Davis R. K. Recreation Planning as an Economic Problem[J]. Natural Resource Journal,1963(3):240-249.

[3] 张茵,蔡运龙. 条件估值法评估环境资源价值的研究进展[J]. 北京大学学报:自然科学版,2005(2):713-823.

[4] 殷沈琴,温国强. 图书馆物有所值吗:国外图书馆应用CVM测量投资回报率的实践述评[J]. 图书馆理论与实践,2008(4):80-83.

[5] 王瑞雪,魏凯. 耕地非市场价值评估理论方法与实践[M]. 北京:中国大地出版社,2007:56-57.

[6] 张志强,徐中民,程国栋,等. 黑河流域张掖地区生态系统服务恢复的条件价值评估[J]. 生态学报,2002(6):885-893.

[7] 薛达元. 长白山自然保护区生物多样性非使用价值评估[J]. 中国环境科学,2000(2):141-145.

[8] 杨凯,赵军. 城市河流生态系统服务的CVM估值及其偏差分析[J]. 生态学报,2005(6):1392-1396.

[9] 庄大昌. 基于CVM的洞庭湖湿地资源非使用价值评估[J]. 地域研究与开发,2006(2):105-110.

[10] 郭剑英,王乃昂. 敦煌旅游资源非使用价值评估[J]. 资源科学,2005(5):187-192.

[11] 许抄军,刘沛林,王良健,等. 历史文化古城的非利用价值评估研究:以凤凰古城为例[J]. 经济地理,2005(3):240-243.

[12] 陈琳,欧阳志云,王效科,苗鸿,段晓男. 条件价值评估法在非市场价值评估中的应用[J]. 生态学报,2006(2)610-619.

[13] 钱佳平,刘兹恒. 国外基于投资回报的图书馆价值研究:述评与启示[J]. 中国图书馆学报,2008(6):84-89.

(四)基于条件价值的高校图书馆绩效评估方法研究

【摘要】 条件价值评估法是目前广泛采用的一种经济价值评估方法,主要应用于非市场领域的公共所有物的价值评估。本文首先分析了图书馆的投入、产出以及效益的体现形式,简要介绍了条件价值评估法的理论基础和实现手段并将其引入到图书馆效益评估的应用中。设计了一种应用于高校图书馆绩效的定量评估体系,详述了问卷设计、数据统计以及结果分析和偏差修正的方法。最后,指出了该方法尚需改进和完善的地方。

【关键词】 条件价值评估法;CVM;高校图书馆;绩效评估

1. 导言

在高校的教学和科研过程中,图书馆扮演着一个重要的角色。如果将高校图书馆看作一个经济体,那么对其投入的经费可以视作一笔投资。作为投资,其唯一目的必然是为了获得回报。对于高校图书馆来说,回报来自于图书馆服务催生的各种教学成果和科研成果以及这些成果产生的经济价值与社会价值,这些价值构成了图书馆存在和发展的动力。同时,任何一项日常教学和科研工作都离不开图书馆的支撑,在这一投资—回报的过程中,图书馆也实现了自身的存在价值。

20世纪60年代末至70年代初,美国图书馆学界第一次把绩效评估方法引入到图书馆领域。所谓图书馆绩效评估,一般来说就是比照某一个统一的指标,采取定性或定量的方法,衡量对图书馆所投入的资金和资源,并对图书馆从业人员在一定时间内经营图书馆所取得的业绩以及图书馆所提供的各项信息服务中所获得的主要收益和衍生收益进行综合测评。简言之,图书馆绩效评估就是对图书馆各项资源的投入和产出效益的比较。1968 年,Philip Mors 首次提出了图书馆绩效评估的概念[1];1977 年,F. W. Lancaster 研究了诸多评价图书馆服务的方法,包括图书馆参考服务、文献传递及馆藏发展等等[2]。1980 年,Rosemary Du Mont 归纳出了探讨图书馆效能的四个方面[3];1990 年,Nancy A. Van House 归纳了 4 类图书馆服务,设计了 15 种图书馆评价方法,并提供了一本绩效评价指导手册用以指导学术图书馆的评价工作[3];1998 年,国际标准化组织(International Standard Organization,简称为 ISO,下同)颁布了 ISO 11620 标准,共五大类二十九项指标,包括读者服务、推广服务、技术服务、服务满意度、人力资源利用等方面[4]。尽管图书馆评价研究工作成果显著,但是,在相当长的一段时间内,对图书馆绩效的研究一直停留在理论层面,采用的方法也多为定性方法,实用性不强。人们一直在寻找一种清晰合理的量化方法对图书馆的效益进行评价。

2. 图书馆绩效分析

(1)图书馆的价值体现

一般来说,图书馆的价值由使用价值和非使用价值两部分构成。殷沈琴[4]认为,图书馆的使用价值与非使用价值的区分在于在价值产生过程中是否对图书馆的产品和服务加以利用。使用价值是指通过直接利用图书馆的资源而获取的价值,而非使用价值是指图书馆在普及科学知识、加强文化传播、削弱信息壁垒、影响社会大众等方面的作用。一般来说,非使用价值在很多情况下占据较大的比重[5]。由此可见,使用价值是图书馆的基本价值,而非使用价值是使用价值的进一步延伸。

另一方面,对于图书馆来说,从文献采购、编目、流通、读者服务、信息加工、研究咨询到信息传播等业务流程及环节可以看出,图书馆在不断地增加价值,也就是说图书馆管理和服务的过程是一个不断增值的过程。在这个过程中,其服务产出,也就是信息输出功能,是图书馆实现其效用的关键。图书馆的服务产出对读者的有用程度决定了图书馆效用的大小。图书馆的价值是在图书馆向读者提供服务的过程中完成的,读者是服务产出的承受对象,如果这些服务产出即输出对读者有用并被读者所接受,那么我们可以说图书馆的服务产出过程完成了。如果图书馆的服务产出对读者来说是无用的,读者拒绝接受图书馆的服务产出,图书馆的服务产出过程则不能完成,那么图书馆的价值将无法实现[6]。

(2)图书馆的绩效

关于图书馆绩效,国内外图书馆学界也有多种定义。其中,比较通用的是 ISO 的定义,即"图书馆绩效"是"图书馆提供服务的效能以及拨款和资源利用在提供服务中的效率"[7],也就是效用和效益的有机结合。"效用"(Effectiveness)测评指的是对既定目标完成程度的测评,即测评一项活动是否最大限度地达到其所设定的结果。如果是肯定的,那么这项活动便是有效用的。"效益"(Efficiency)测评则是指在既定目标实现过程中对资源利用情况的测评。如果能在一项活动中最小限度地使用资源,或者在使用相同资源的情况下做出了更多的成绩,则可以被视为有效益。应用于图书馆领域,效益就是指图书馆各项工作所产生的对图书馆自身及社会、经济的积极影响与图书馆投入的对比。如果用 X 来表示图书馆效益,用 I 来表示图书馆在一定时间内投入的人力、财力和物力,用 R 来表示回报(包括经济层面上和社会影响层面上的),则图书馆的效益可以理解为回报与投入的比值。写成如下的表达式:

$$效益(X) = ROI = \frac{回(R)}{投(I)} = \frac{社回(S) + 回(E)}{投(I)}$$

在这个表达式中,对于"投入"值 I,我们可以将图书馆所投入的人力、物力等统一折算成货币值,从而使之达到可计量化。但是,对于公式中的"产出"——即回报值 R,情况则复杂得多。其中的经济回报部分,相对较为容易量化;而社会回报部分,由于其间接性和无形性,无法通过常规方法折算成数字。因此,这个图书馆效益的一般表达式,只是从宏观上作了定性描述。

(3)图书馆绩效评估对高校的意义

高校图书馆相对于地方图书馆有其特殊性,比如,高校图书馆的读者层次比较平均且水平较高,图书馆资源的利用率也比较高,高校图书馆对日常科研教学所起的作用相对更大。因此,对高校图书馆进行绩效评估更具现实意义。如果能将图书馆对高校教育科研所起的重要作用量化为较为直观的数字来进行评价,不但可以使图书馆客观评价自身的服务,也可以作为高等院校合理分配各种经费和资源的参考和依据,从而以相对较小的投资获取较大的回报。这一研究的主要难点在于,由于其无形性和间接性,图书馆的服务产出很难量化成具体的数值。因此,尽管所有的高等院校都不吝于将人员和经费投入到图书馆当中,但是没人说得清楚这些投入究竟产生了多少价值——包括经济价值与社会价值。

为了能够深入地考察高校图书馆的重要作用,笔者试图从经济学角度出发,将条件价值评估法引入高校图书馆绩效评估领域,对其投入和产出定量地进行分析和评价。

3. 条件价值评估法概述

条件价值评估法(Contingent Valuation Method,简称为CVM,下同)是一种直接评估方法,可以很好地解决传统评价方法对类似图书馆这种无形的效用产出无法有效地进行量化评价的问题。其基本思路是,对于某项难于量化评价的事物,我们假定存在着一个市场或者存在一种支付方式,消费者愿意用一定的货币来获取该服务。同样地,假如收回该服务,消费者也可以获取一定的货币补偿。对前一个问题的回答可得到消费者或者潜在消费者的支付意愿(Willingness to Pay,简称为WTP),回答后一个问题则可以获得接受补偿意愿(Willingness to Accept,WTA)[8]。这两个指标都是一个量化的货币值。综合这两者,我们可以将该服务成功地量化并进行评价。

具体来说,CVM 首先假定个人对各种商品(包括服务以及环境舒适性等非真实物品)具有消费偏好,愿意支付一定的货币以换取这些商品或服务。消费者的效用函数 U 受到可进行市场交换的商品 x、个人无法支配的公共物品 q、个人偏好 s 及随机误差 ε 的影响。消费者在其可支配收入 y 和商品价格 p_i 的约束下,力图获得最大效用,即 Max U(x,q) 的值,约束条件为:$\Sigma\ p_i\ x_i \leqslant y$。假定 p 和 y 不变,某种公共物品或服务 q 从 q_0 到 q_1,相应地,个人效用函数从 $U_0 = V(p, q_0, y)$ 到 $U_1 = V(p, q_1, y)$。假设这种变化是正向改进,即 $q_1 > q_0$,则 $V(p, q_1, y-C) = V(p, q_0, y)$,补偿系数 C 是 q_0 变化到 q_1 而同时为了保持效用不变所要推导的个人愿意支付的货币数量,也就是 CVM 试图引导被调查者得出的个人 WTP 或 WTA[4]。最后,由于待评价物品或服务的公共所有性,其总的 WTP/WTA 值可以由个人的 WTP/WTA 相加得到。

由此我们可以看出,条件价值评估法采用模拟市场调查的方法评估非市场化物品,这种方法的特点是直接询问人们愿意为某一特定物品支付多少货币量或愿意接受多少货币量以放弃该物品,而不是通过观察行为而获得结果,因此得到的支付意愿结果能够从一定程度上反映该物品的实际价值。R. Mitchell 等甚至认为只有支付意愿才是衡量一切商品和效用价值的唯一合理的方式[9]。

1963 年,R. Davis 首次使用 CVM 研究美国缅因州的林地宿营和狩猎的娱乐价值[10]。CVM 在图书馆学界的应用则最早可以追溯到 1999 年,美国 St. Louise 公共图书馆采用消费者剩余、CVM 和消费时间三种方法对该馆成本效益进行分析,并得出该馆的 ROI 为 4∶1[11]。此后,又有数家国外图书馆采用此方法对自身的效益进行评估。从以往的研究成果来看,条件价值评估法较为有效,得到的结果也显示,对大多数图书馆的投资收到的回报都很理想。

4. 评估方法设计

一般来说,调查的流程主要经历问卷设计、正式调查、数据统计、结果分析、有效性验证等几个阶段。

(1) 问卷设计

R. Mitchell 等认为一份合格的 CVM 调查问卷应当至少包含如下三个部分:一是详细地描述被评估事物的特征及背景资料;二是询问被调查者对所评估事物的支付意愿;三是询问被调查者的社会经济特征以区分不同群体对该事物的需求度。Arrow 等还建议,在问卷的最后请被调查者表明他们对该问卷的理解程度,以此来评估问卷设计的有效性[12]。就我们的研究来说,问卷应该至少兼顾以下三个方面:

①调查对象

问卷应首先给被调查者介绍该校图书馆提供的资源、服务设施以及现状。一般来说,调查对象应该分为高校教师、学生、访问学者、其他工作人员以及校外读者这五大类,这也是高校图书馆最主要的用户群体。对于不同的被调查者,由于对图书馆的使用诉求不同,社会特征如支付能力等也不尽相同,所以应该采取不同的问卷。比如调查教师读者,问卷可以围绕其科研课题展开,因为科研课题创造了实实在在的经济利益。但是同时,我们还应该注意到,通过使用图书馆资源而获得的项目资助收入只代表了图书馆给高校带来的总价值的一部分,除此之外,还应包括图书馆对教师教学以及研究贡献的价值[13]。再比如调查学生读者,可以着重于图书馆对其日常学习和考试的支持等方面。

②调查背景

因为被调查者有可能对目标图书馆的情况了解得很少甚至完全不了解,所以在调查问卷中首先需要对目标图书馆的概况进行描述,向被调查者提供必需的相关信息。这些信息的详细程度要根据被调查者在接受调查这一短暂时间内所能够接受的信息量来确定。如果信息量太大,被调查者可能会被庞杂的信息所误导,也有可能因为庞大的信息量而产生对调查的厌恶感从而不再愿意耐心地接受调查;信息太少则往往不能使得被调查者充分了解目标图书馆,因此也会影响最终调查的准确性。实际操作时,一般通过在网页调查问卷中加入照片、图表等方式来帮助被调查者了解目标图书馆。

③支付及受偿意愿获取

为了使CVM能够准确地评估高校图书馆的效益,被调查者(读者)必须愿意且有能力揭示图书馆的价值。对于不同的调查对象,调查内容也不尽相同,但一般都会包括两方面:调查对象的社会经济特征和他们对图书馆价值的支付意愿以及受偿意愿。但是在实际操作中,有时候即使被调查者主观上愿意表达自身的支付意愿,但是由于他们可能从未用货币形式来表达他们对图书馆服务的喜好,所以很难做到在假想市场的情况下,准确地估算出他们对于图书馆服务质量变化的支付意愿或受偿意愿。从心理学的角度来说也是这样,根据假想完成调查问卷和在真正的市场上进行实际交易毕竟是完全不同的两件事。这就要求我们的问卷能够很好地引导被调查者的支付意愿和受偿意愿,从而使调查结果更接近实际情况。

实际操作中,问卷中的问题主要可以分为开放性问题和封闭性问题两类。在开放式方法中,最简单的问题就是"为了换取图书馆的资源服务,你能支付的最高水平的货币量是多少?"。这种方法没有给调查者任何的价格参考,所以对被调查者来说会比较难于回答,导致收集的WTP/WTA数据有时会与所提问题不相符。所以实际应用的时候采用变通的方法,让被调查者从罗列的许多可能的支付价格选项中选出适合自己的价格。如果采用封闭式的问题,比如"是否愿为图书馆的服务支付某一数量的货币",则得到的是"是"或者"否"这样的答案。这一过程模仿了面对实际市场时购买者对商品选择的决策过程,相对来讲更接近于被调查者本来的意愿。由于其结果较为真实,所以我们在问卷设计过程中尽量采用封闭式问题。设计这种问题的时候,一个很重要的因素就是支付价格的区间选择。一般采取的方式是用一系列区间不断缩小的封闭式问题来获取最接近于读者意愿的 WTP/WTA 值。在问卷设计的时候,我们也可以综合应用开放式和封闭式这两种类型的问题,循序渐进的引导被调查者找出自己的 WTP/WTA 值。

(2)调查方法及结果分析

问卷调查可以采取随机抽取的方法,即从图书馆读者数据库里随机选择读者进行邮件群发。或者采用网络问卷调查法,调查范围可以更广。这两种方法都可以直接获取一手资料,并且不需要大的成本投入。同时,面对面的访谈可以作为对问卷调查的有益补充,因为有些问题的答案可能需要调查者的主动观察和感受,并在调查者与被调查者面对面的交流过程中得出。

此外,为了得到高质量的统计结果,CVM 采用的样本数量必须足够大。因此最终得到的结果数据量也会相当庞大。首先,根据数据分析的需要,将调查表进行归类整理;然后将调查结果录入数据库,并使用数据库工具对调查结果进行分析,统计支付意愿率、WTP 值、WTA 值、支付动机和不愿支付的原因等等各项数值。对于开放式问题格式的问卷,由于调查结果数据本身已经提供了被调查者最大 WTP 的直接测量,所以并不需要进一步的分析,直接用非参数方法获得样本的平均最大 WTP。采用封闭式问题获得的调查结果,可以导入 SPSS 软件,并使用 Probit 或 Logit 模型进行统计估值[14]。

最后,通过对被调查者的社会经济特征、支付意愿、受偿意愿以及他们的影响进行相关度分析,得出每个人的 WTP 值,然后根据总体人群估算出 WTP 总值。还可以根据样本特征值画出支付意愿分布频率图,根据支付意愿分布频率图,可以计算出最大平均支付意愿的期望值的等等。

(3)偏差修正

CVM 主要的偏差包括假想偏差、支付方式偏差、策略行为偏差、抵制性偏差等等[5]。对于一份设计良好的问卷,由于情景描述不清造成的假想偏差基本可以避免；支付方式造成的偏差可以通过问卷中增加关于支付方式的问题来进行修正。一般来讲，前两种偏差不足以影响最后的统计结果。结果统计的主要偏差来自于被调查者的策略性偏差和抵制性偏差。为了消除策略性偏差(一般表现为过低的 WTP 或过高的 WTA)，不应预先告知被调查者支付是强制性的[15]。必要的时候，应该引导被调查者假想并从心理上认可，如果他们过分地夸大自己的支付意愿，在真正支付的时候会无法承受；而过分地减少自己的支付意愿，图书馆则不会改善服务质量。这样可以杜绝过高的或者过低的不符合常理的 WTP/WAP 值。为了消除抵制性偏差(由于被调查者的不合作态度，故意给出不合常理的 WTP/WTA 值，一般表现为过高的 WTP 或过低的 WTA)，可以加强被调查者和调查者之间的交流，使被调查者更愿意配合。另外，从国外的经验来看，对被调查者适当的物质回报(比如发放小礼品等等)可以获得更准确的结果[13]。对于偏差过大的无效问卷，应该将其从统计样本中剔除出去。

5. 结语

由于 CVM 建立在假想市场的基础上，因此其调查结果十分依赖于被调查者主观的感受，包括被调查者的心理及社会特征等等，不可控的因素较多。在这里，调查问卷的设计显得尤为重要。精心设计的问卷和粗制滥造的问卷得到的调查结果可能大相径庭。另外，当结果产生偏差时，还需要细心地分析，进行一定技术处理才能消除和减少误差，这就要求研究人员有充足的时间和财力作保证。这些都是 CVM 无法避免的局限性。所以，在实际应用中，还要结合传统评估方法来进行综合评估，以求获得客观和准确的评估结论。

目前，国内对 CVM 的研究还处于起步阶段，在图书馆的效益评估中使用的并不是很多。这一方面是由于国内高校图书馆目前面临的经费压力还不大；另一方面也是由于国内读者对图书馆的市场化问卷调查这一方式缺乏了解和支持。但是，随着我国高等院校的不断发展，高校图书馆作为教学和科研的支撑,必将在未来面临更多的挑战。因此,如何提高高校图书馆的效益这一问题将会得到进一步重视。CVM 作为一种较为成熟的效益评估方法,也会随之在图书馆领域中发挥更大的作用。

【参考文献】

[1] Philip M. Morse. Library Effectiveness: a System Approach [M]. Cambridge, Massachusetts: M. I. T. Press, 1968

[2] F. W. Lancaster. The Measurement and Evaluation of Library Services [M]. Washington D. C. : Information Resources Press, 1977: vii

[3] 卢秀菊. 图书馆之绩效评估[J]. 中国图书馆学会会报, 2003, 71(12): 1-19.

[4] 殷沈琴. 条件价值评估法在公共图书馆价值评估中的应用[J]. 图书馆杂志, 2007, 26(3): 7-10.

[5] 赵宇翔. 基于条件价值评估法的信息生态价值评估——以城市公共图书馆为例[J]. 图书馆与信息服务, 2007, 51(8): 58-61.

[6] 孔健. 试论图书馆效益的计量方法[J]. 图书馆学研究, 1990(3): 59-60.

[7] 余胜. 图书馆绩效评估研究初探[J]. 中国图书馆学报, 2006(4): 101-104.

[8] Loomis J. B. & Walsh R. G. Recreation Economic Decisions: Comparing Benefits and Costs [M]. US: Venture Publishing Inc, 1997: 33-41.

[9] Mitchell R. C. & Carson R. D. Using surveys to value public goods: The Contingent Valuation Method (Resources for the future) [M]. , Washington IX: RFF Press, 1989: 29-30.

[10] Davis R. K. Recreation planning as an economic problem [M]. Natural Resource Journal, 1963, 15(3): 240-249.

[11] Holt G. E. Elliott D. & Moore A. , Placing a value on public library

services[J]. Public Libraries,1999,38(2):98 – 108.

[12] Arrow K., Solow R. & Portney P. Reoprt of the NOAA Panel on Contingent Valuation [M]. US Federal Register, Vol. 10,1993:4601 – 4614.

[13] Judy Luther. University investment in the library: What's the return? A case study at the University of Illinois at Urbana – Champaign. [R]. San Diego,2008.

[14] 崔相宝,苗建军. 条件价值评估:一种非市场的价值评估技术[J]. 武汉理工大学学报(社会科学版). 2005,18(6):802 – 807.

[15] 李莹. 意愿调查价值评估法的问卷设计技术[J]. 环境保护科学. 2001,27(6):25 – 27,51.

(五)图书馆资源系统社会价值评估研究

【摘要】图书馆资源系统的社会价值可划分为使用价值和非使用价值,其中使用价值包括直接使用价值与间接使用价值,非使用价值包括存在价值、选择价值和遗产价值。图书馆直接使用价值可以采用直接市场法来测定,间接使用价值采用替代市场法测定,而非使用价值则采用模拟市场法测定。借助经济学中关于资源价值分类理论,对图书馆资源系统的价值进行分类,采用相适应的方法分别进行价值评估,实现对图书馆总经济价值的货币化测定,能够为公众呈现可视化的图书馆效益,使其真实感知图书馆资源系统的社会价值所在。

【关键词】图书馆资源系统;社会价值;使用价值

图书馆是公共服务部门,特有的公益性和文化性决定其主要职能是通过采访验收、分类编目、典藏加工、流通借阅、咨询查新、技术支持等一系列环节向读者提供文献信息服务,同时还需承担信息资源开发、人类文化遗产保存、参与社会教育、丰富文化生活等重要职能。在传播信息和知识的过程中,图书馆通过对知识进行组织和管理,将知识和信息转化为生产力,使其真正具有使用价值,并完成自身的社会效益增值,以多样化的价值形式为社会创造难以估量的经济效益。图书馆的社会价值不仅体现在拥有的馆舍资产和海量文献资源方面,还体现在由信息资源、设施资源、人力资源、技术资源、管理资源等组成的图书馆资源系统为读者提供各种有效服务时产生的效益以及公众在知识文化传播和公平获取过程中的间接受益[1]。

1. 图书馆价值的测量

随着可持续发展观念的不断强化,国家和社会各界对图书馆的资金投入不断加大,图书馆资源的合理配置及其社会效益的充分发挥越来越受到关注和重视。对图书馆资源系统进行总经济价值量的评估,成为决策者与管理层的重要决策依据和管理手段,引导图书馆资源系统建设的总体发展方向。近年来,业界对图书馆服务功能与价值的研究已成为热点,陆续出现各种揭示图书馆资源系统价值的理论方法和测量模型,但至今尚未形成普遍认可的评估模式。

图书馆的价值来源于其所有资源相互联系、相互作用形成的有机系统,其价值的大小取决于图书馆资源系统的有效利用和知识转化。图书馆服务只有被读者利用和转化后才能进入社会系统,对读者及社会整体素质产生影响,最终体现为图书馆的社会经济价值。随着计算机和网络技术的飞速发展,图书馆资源日益趋于集成化。图书馆资源借助图书馆自动化系统相互联系,进行优化配置,形成有机的动态系统,并通过共同协作实现其社会价值与功能。图书馆的价值研究不再仅局限于文献资源服务领域,而是转向由文献资源、人力资源、管理资源、技术资源等共同构成的图书馆资源系统发挥出的整体效用和价值功能等方面[2]。但是这种价值的产生机制非常复杂,涉及图书馆系统多种资源对个人和社会的综合贡献,需要从不同角度、不同层面来选择恰当的衡量标准和尺度。

由于图书馆资源属于公共物品,其具有的非市场物品的特性阻碍了市场的形成,导致其不具有价格属性,无法通过现行价格体系对其进行科学评价,无法对其社会效益的价值量进行直接测量。例如,现代图书馆的数字馆藏量和虚拟馆藏量持续增长,如何快速而有效地获取这部分资源需要一定的技术能力,这种能力不仅取决于读者的信息素质,更多地依赖于图书馆提供的软硬件应用技术服务、咨询和培训。这类资源的服务价值虽然可以通过市场来实现,但是无法通过市场交换计量实际交易额,需要借助于假定的市场交易环境。特别是图书馆所提供的服务,不仅具有有形价值,还存在无形价值,常规的经济学方法难以测量出其经济价值的大小。

为了能够测量图书馆资源系统的总经济价值量,业界开始关注经济学评估方法。目前国际上出现了很多经济学领域的进行价值分析和货币化测量的工具,可以尝试用其对图书馆或某项服务的非市场经济价值进行评估,将图书馆无形的不能进行市场交换的价值用货币形式表现出来。

目前常用的价值计量方法主要可分为三大类:直接市场法、替代市场法、模拟市场法。直接市场法是指可以运用市场价格进行观察和度量,直接进行价值测算的方法,包括市场价值法、人力资本法、重置成本法、费用支出法和影子工程法等;替代市场法又称间接市场法,是指通过找到某种有市场价格的替代物来间接衡量没有市场价格的物品或服务价值,主要有资产价值法、工资差额法、后果阻止法、旅行费用法、享乐价格法;模拟市场法又称假定市场法,主要是通过测定消费者的支付意愿来表达对特定物品或劳务的经济价值的评估,其基本的评价方法只有一种,即:条件价值评估法。不同的价值评估方法各具优点和缺点,适用于不同的价值形式。因此,很有必要对图书馆价值系统进行合理分类,继而针对不同类型的价值分别采用相适宜的评估方法。

2. 图书馆价值系统的构成

本文参考经济学中对资源价值分类的理论,将图书馆总经济价值定义为图书馆资源系统所提供的各项服务的经济价值总和,并对图书馆资源总经济价值(Total Economic Value,简称 TEV)进行分类。图书馆资源总经济价值由使用价值(Use Value,简称 UV)和非使用价值(Non-Use Value,简称 NUV)构成。其中使用价值又进一步分为直接使用价值(Direct Use Value,简称 DUV)和间接使用价值(Indirect Use Value,简称 IUV);非使用价值则分为存在价值(Existence Value,简称 EV)、选择价值(Option Value,简称 OV)和遗产价值(Bequest Value,简称 BV)。根据上述资源价值分类理论,图书馆总经济价值量可以用公式表示为:TEV = UV + NUV = (DUV + IUV) + (EV + OV + BV)。图书馆资源系统总经济价值构成见图 6-3。

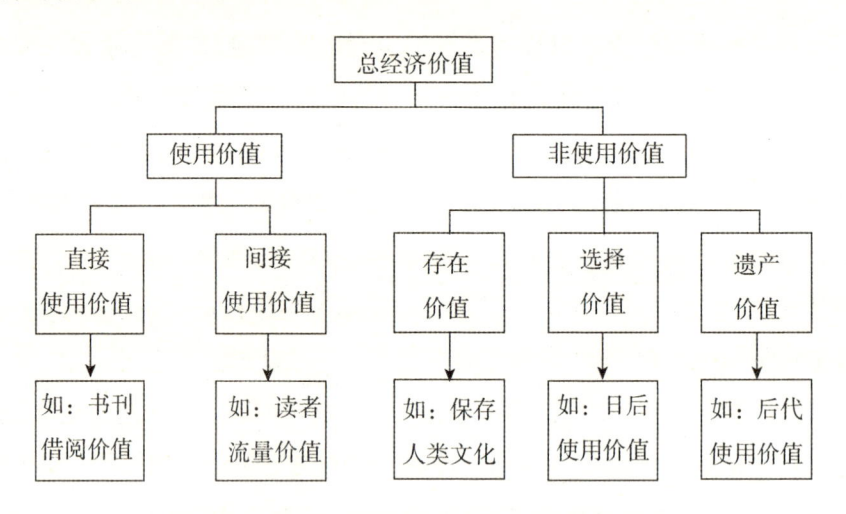

图 6-3 图书馆资源系统总经济价值构成

3. 使用价值

使用价值是指读者使用或消费图书馆某项资源所能获取的各类效益。使用价值可以进一步分为直接使用价值和间接使用价值。

(1)直接使用价值

直接使用价值是指图书馆资源直接满足读者需要的那部分价值,通常产生于图书馆文献资源服务和资源利用过程中,是读者当前就已享受到了的效益,如图书、期刊、报纸、馆舍使用等带来的直接使用价值。直接使用价值可以采用直接市场法进行测定,尤其是直接市场法中的市场价值法非常适用于没有费用支出但有市场价格的提供某项服务的价值评估，以其市场价格来体现经济价值。例如，图书馆馆藏文献的数量和价格、书刊流通借阅次数等可以通过图书馆自动化管理系统直接获取，根据实际借阅情况的统计数据，测定被借阅文献在市场上获取时所需的成本，利用其市场价格直接估算出其价值。这部分价值虽然不是通过市场交换产生的，但是可以直接利用市场价格进行评估。

(2) 间接使用价值

间接使用价值是指图书馆资源提供的用于支持直接利用价值的各种功能或效用的价值，它能够为图书馆资源实现直接使用价值提供保障。间接使用价值主要是无法商品化的图书馆资源系统服务功能的价值，类似生态学中的生态服务功能，虽然不直接提供资源服务，但却是图书馆服务正常进行的必要条件。间接使用价值包括藏书量价值、文献覆盖率价值、阅读座位数价值、读者流量价值、网站访问人数价值、消防及防疫宣传价值等，还包括利用图书馆提供的资源及环境来支撑其他社会服务活动而获取的间接效益。例如，读者期望获取某个特定文献时自然会想到图书馆是最有可能满足其需求的地方，原因就在于图书馆文献资源的保有量非常大，其海量藏书和高文献覆盖率是对借阅成功率的最好保证。这类价值虽然没有直接产生任何效益，但却为读者的文献需求提供了最优化的解决方案，大大减少了读者获取文献资源的时间成本和精力，从读者整个群体角度来看具有巨大的价值。另外，图书馆资源还有增加整个社会的书刊及各类设备设施生产消费能力、促进文化产业的发展、开展人文教育、展现建筑艺术及美学、美化环境等的价值。图书馆间接利用价值主要是无法商品化的服务功能价值，在价值评价过程中需要根据具体的服务项目来确定计量方法，通常采用替代市场法来进行测定，即寻找具有市场价格的替代物来间接衡量图书馆无法商品化的服务的价值。

(3) 非使用价值

非使用价值是图书馆资源的一种内在属性，与人们是否对它进行使用没有直接关系,主要指图书馆资源中已经客观存在、当前人们尚未直接使用但可供子孙后代或人们自己将来使用的那部分价值,是目前还未实现的潜在福利。因此,非使用价值不仅体现在图书馆读者及潜在读者身上,还体现在非读者范畴的全体公众身上。

  图书馆非使用价值的测量需要利用模拟市场法,即采用条件价值评估法将其价值进行货币化转换。条件价值评估法(Contingent Valuation Method,简称 CVM)又称假设市场价值评估法,是典型的模拟市场评估技术,适用于对缺乏市场价格和替代市场价格的资源或服务价值的评估。通过构造一个假想市场,调查被调查者对拥有或损失某一资源所愿意承担的支付意愿(Willingness to Pay,简称 WTP)或接受赔偿意愿(Willingness to Accept,WTA),从而获知人们对图书馆或其提供的某项服务的支付意愿,并以此来评估相应的经济价值。将公平性、参与性和可持续性问题纳入到经济评价体系中,弥补了传统评估方法对图书馆价值评估的不足,为公共项目的经济评价开辟了新的视角[3]。目前 CVM 已成为环境经济学、文化经济学等领域应用最广、影响最大的非市场价值评估方法,常用于非市场物品及环境资源的非使用价值评估[4]。

  图书馆非使用价值又可进一步分为存在价值、选择价值和遗产价值,虽然在价值类型和内容上有着根本差别,但是从价值评估方法来说,都属于缺少市场价格并且无法寻找到合适的替代市场价格的物品,都需要采用模拟市场法并借助于 CVM 来测量其货币化价值。

  (4)存在价值

  图书馆的存在价值是人们为确保图书馆资源系统的某项或全部服务功能继续存在而产生的支付意愿。人们只要知道其存在,即使不直接利用或间接利用也能感受到一定的满意度,这种满意能够促使人们对其存在的状态构成支付意愿。为确保图书馆系统服务功能继续存在,人们愿意支付一定的费用,仅仅只是要知道其存在就能获得满意,这是人们对图书馆资源价值的一种伦理道德上的评判。随着可持续性发展观念日益深入人心,图书馆的存在价值越来越被人们所认知和重视。存在价值是非使用价值的最主要的形式,是图书馆资源系统本身所具有的价值,与现行市场无关,与人们是否利用它无关,通常采用条件价值评估法进行市场模拟,实现其价值的测定。

(5)选择价值

选择价值是指个人或社会对图书馆资源潜在用途的将来利用意愿,是人们愿意为保护图书馆资源而每年预先支付的一笔保险金,是以备未来之用的支付愿望。选择价值是为自己未来的选择权进行支付的费用,是人们对未来的直接使用价值和间接使用价值的现实估价。图书馆资源的选择价值体现了人们保护图书馆资源的愿望,这主要取决于图书馆资源供给和需求的不确定性,其依赖于人们对风险的认知态度,其目的在于避免将来失去它的风险。简而言之,即人们为了将来能够直接利用与间接利用某种图书馆资源服务而愿意支付的费用,包括未来可能有的直接使用价值与间接使用价值,体现的是读者对图书馆资源未来价值的预期,具有强烈的主观性。选择价值非常适合应用模拟市场评估技术,普遍采用条件价值评估法进行测定。

(6)遗产价值

遗产价值是指当代人为将图书馆作为一种资源保留给子孙后代而愿意支付的费用。遗产价值体现的是人们保护图书馆资源的支付意愿,并且这种支付意愿不是为了目前自己使用,而是要把它留给后代子孙去享用。同样都是支付日后使用意愿,遗产价值是为保障后代使用权利而进行的支付,而选择价值是为自己的未来使用权利进行的支付,两者存在着明显的区别。遗产价值在测定方法上同样采用条件价值评估法进行市场模拟,只是在问卷形式和提问内容上有所区分。

4. 结语

图书馆是将信息资源、人力资源、设施资源、技术资源、管理资源有机结合并提供知识信息服务的资源系统。图书馆的价值评估不只是对馆舍、设备、文献资源等有形资产的价值评估,更是对由多种资源共同构成的图书馆资源系统的整体评估。本文借助经济学中关于资源价值分类理论,对图书馆资源系统的价值进行分类,采用相适应的方法分别进行价值评估,实现对图书馆总经济价值的货币化测定。总体上,图书馆直接使用价值可以采用直接市场法来测定,间接使用价值采用替代市场法测定,而非使用价值则采用模拟市场法测定。本文通过对图书馆总经济价值的评估,揭示图书馆的公共服务价值和社会效益,为公众呈现可视化的图书馆效益,使其真实感知图书馆资源系统价值所在,从而促进图书馆事业的建设、管理和可持续发展,让更多公众直接或间接地从图书馆资源系统的服务中受益。

【参考文献】

[1]毛赣鸣.图书馆无形资产评估[J].情报资料工作,2004(1):59-62.

[2]严永康.图书馆资源的概念及构成辨析[J].情报资料工作,2003(5):22-23.

[3]赵宇翔.基于条件价值评估法的信息生态价值评估[J].图书情报工作,2007(8):58-61.

[4]魏幼苓,周慧,袁婷,等.公共图书馆社会价值评估实证研究[J].图书馆建设,2010(7):21-25.

(六)CVM应用于图书馆社会价值评估的国外案例介绍

【文摘】在明确CVM图书馆社会价值评估必要性的基础之上,对国外公共图书馆和高校图书馆应用CVM评估其社会价值的案例进行分析。结论认为对于我国图书馆,采用CVM可以更好地评估其社会价值,但同时需要正视CVM所存在的不足,综合采用多种评估方法,并结合我国图书馆自身的特点开展评估活动。

【关键词】条件价值评估法;CVM;图书馆社会价值;图书馆评估

1. 引言

用户对图书馆服务的需求是各类图书馆存在的条件和发展动力,图书馆社会价值的集中体现即是人们对图书馆的利用。图书馆通过多元化的服务体系,满足人们的信息需求,协助人们的科学研究,指导人们的社会实践,积极推动社会的进步与发展。

作为非市场化的公共物品,图书馆经费主要来自于国家和地方政府的拨款。因此,图书馆有必要为其提供经费的政府部门以及图书馆用户展示其存在的社会价值,尤其是在政府部门对经费进行调整或压缩之时,这种必要性更为突出。

图书馆要准确、清晰地表明政府部门各项资源的投入能够产生让社会满意的价值,就必须要对图书馆的产出效益进行量化。但让人尴尬的是,不管是公共图书馆,还是高校图书馆,作为非市场化的信息服务者,他们都很难为自身的存在以及所提供的信息服务赋予一定的数量值。因此,如何对图书馆的社会价值进行评估一直是界内学者关注的话题。最初不少学者主要注重对图书馆馆藏、人员以及设备设施等资源投入的评估,后来逐步发展到围绕图书馆的产出效益探讨图书馆的社会价值。并且在研究的发展过程中,不少学者还尝试引入其他学科领域的理论与方法,如用户满意度理论、平衡计分卡以及标杆分析法等。上述研究无疑对图书馆社会价值的评估产生了积极的推动作用,但仍然没有很好地明确图书馆各项资源投入与产出之间的关系。

2. CVM 概述

CVM(Contingent Valuation Method,条件价值评估法)最初由 Ciriacy-Wantrup S. V. 于1947年提出,其基本思路是假定存在着一个市场或者存在一种支付方式,被调查者愿意支付的最大货币量来获得某种物品或服务称为支付意愿(Willingness To Pay,WTP),被调查者希望得到最小补偿货币量才愿意放弃对该物品或服务的消费称为接受补偿意愿(Willingness To Accept,WTA),以此揭示被调查者对该物品和服务的偏好,从而最终确认公共物品的非使用价值[1-2]。

20世纪60年代,CVM首次被Davis R.应用于自然资源娱乐价值评估中[3]。到了90年代,美国学者Arrow K.和Solow R.进一步肯定了CVM的作用,他们认为在自然资源价值评估中,CVM是一种合适的标准方法,并在此基础之上提出了应用CVM进行评估的标准框架[4]。此后,在西方发达国家CVM的应用范围也不断扩大,在各种非市场商品价值评估中都广泛应用CVM方法并取得了不错的效果。

CVM的出现及推广,为图书馆社会价值评估提供了一条新的途径。已有研究表明,CVM通过明确的数据量化投资图书馆所取得的经济和社会效益,从而有效弥补了传统方法的不足。

通过文献调研,笔者发现已有国外图书馆(包括公共图书馆和高校图书馆)应用CVM对图书馆整体价值或某一项特定产品或服务的价值进行评估,本文以案例的形式对国外图书馆在CVM应用方面的探索性研究进行述介,以期对国内图书馆社会价值的评估研究有所启发。

3. CVM在国外公共图书馆的应用案例

目前已有9例国外公共图书馆应用CVM对其社会价值进行评价的报道。其中有5项来自美国,分别是1999年圣路易斯公共图书馆(Saint Louis Public Libraries)、2003—2004年佛罗里达州公共图书馆(Florida Public Libraries)、2004年南卡罗来纳州公共图书馆(South Carolina Public Library)、2005年俄亥俄州公共图书馆(Ohio Public Libraries)和2005—2006年宾夕法尼亚州公共图书馆(Pennsylvania Public Libraries)所进行的社会价值评估,此外,还有2002年新西兰国家图书馆(National Library of New Zealand)书目数据库和联合目录价值评估、2003—2004年英国大英图书馆(British Library)社会价值评估、2005年挪威全国范围内公共图书馆(Norwegian public Libraries)和2007年澳大利亚沃加沃加城市图书馆(Wagga Wagga City Library)的社会价值评估项目[5-9]等四项评估项目。

9个研究项目中有5个来自美国,说明美国是应用CVM评估公共图书馆价值较多的国家。另外,除沃加沃加城市图书馆因其规模小而导致ROI值比较低之外,其他图书馆的ROI值都相当高,尤其是佛罗里达州公共图书馆的ROI更是达到了6.54:1,说明对图书馆投资的回报是比较理想的,图书馆确实物有所值。限于篇幅,本文仅对圣路易斯公共图书馆、新西兰公共图书馆、挪威全国范围内的公共图书馆和沃加沃加城市图书馆等4项有代表性的研究案例进行述介。

(1)圣路易斯公共图书馆价值评估[10]

圣路易斯公共图书馆价值评估项目是最早将CVM应用于图书馆社会价值评估的探索性研究项目。该项研究由美国博物馆和图书馆服务协会资助,以服务方式和经费来源基本相似的5所公共图书馆为研究对象,以评估公共图书馆的社会价值并对评估方法与体系进行探讨。5所公共图书馆分别为圣路易斯公共图书馆(Saint Louis Public Library)、巴尔的摩县公共图书馆(Baltimore County Public Library)、伯明翰公共图书馆(Birmingham Public Library)、金县图书馆(King County Library)和凤凰城公共图书馆(Phoenix Public Library)。

在评估过程中,研究者综合采用了CS(consumer-surplus,消费者剩余法)和CVM,主要用于评估用户利用图书馆服务而不采用替代性服务所能获得的支出节省或者价值增值。结果表明,5所图书馆的ROI都比较理想,说明图书馆的社会价值得到了公众的普遍认可。具体来说,每投入1美元,巴尔的摩公共图书馆的回报为3—6美元,伯明翰公共图书馆的回报为1.3—2.7美元,金县图书馆的回报为5—10美元,凤凰城公共图书馆的回报超过10美元,而圣路易斯公共图书馆的回报为2.5—5美元。此外,该项研究通过验证,表明CVM应用于图书馆社会价值评估所得出的结果是有效的(valid)和可靠的(reliable)。结论认为,CVM是可以应用于图书馆社会价值评估的一种可复证的(replicable)且实施成本较低的有效方法。

(2)新西兰国家图书馆书目数据库和联合目录价值评估[11]

与其他几个案例对图书馆整体社会价值进行评估不同的是,新西兰国家图书馆是利用 CVM 对其两项特殊资源进行评价。2002 年,新西兰国家图书馆委托麦克德莫特·米勒有限责任公司(McDermott Miller Ltd.)对其全国书目数据库(National Bibliographic Database,NBD)和全国联合目录(National Union Catalogue,NUC)的社会价值进行评估,目的是为争取政府对 NBD/NUC 的拨款提供依据并以此为基础明确其未来发展战略。

该项研究将用户分为普通用户(private end-user)和专业用户(professional end-user),对书目数据库的用户、参考馆员和编目馆员首先进行计算机辅助面谈,然后抽取部分进行面对面访谈。结果表明,NBD/NUC 的经济价值约为 16,060,000 美元,效益成本比为 3.5:1,也就说,往 NBD/NUC 每投入 1 美元,收益为 3.5 美元。至于 WTP,据估算,普通用户为 19 美元,而专业用户为 20 美元。此外,该项研究表明,NBD/NUC 的未来潜力巨大,2001 年新西兰公共图书馆有 196 万用户,而利用 NBD/NUC 的用户数为 53000—54000 之间,只占到总用户的 3% 左右,假设利用 NBD/NUC 的用户数翻一番,NBD/NUC 的价值就能增加 40,000,000 美元,而目前利用 NBD/NUC 的高校学生比例不到 20%,如果能增长到 25%,NBD/NUC 的社会价值能增长 22,000,000 美元。因此,报告认为,只要新西兰国家图书馆优化 NBD/NUC 的营销并注重用户的反馈信息,NBD/NUC 就会对知识经济的发展更具价值。

(3)挪威全国范围内的公共图书馆社会价值评估[12-13]

从表 1 可以看出,绝大部分案例都是针对一所或某一地区的几所图书馆的社会价值进行评估,研究样本都比较小,只有该项研究是目前唯一的全国性公共图书馆社会价值评估案例。该项研究的目的是了解包括图书馆用户和非图书馆用户在内的社会公众是如何看待公共图书馆价值,以此明确社会公众是否认为挪威的公共图书馆物有所值。

该研究采用随机抽样调查的方法,首先根据挪威全国各地的经济和工业结构、人口结构以及地理位置等随机抽取不同的城市,然后根据挪威全国电话目录数据库,随机抽取目标城市中的调查对象,并且规定代表住户接受调查的人年龄在15周岁以上。最终选择了999户住户进行调查。结果表明,不同住户对挪威公共图书馆的社会价值的认定在400—2000挪威克郎(Norwegian Kroner, NOK)不等,而实际上每一住户为公共图书馆支付的费用为420NOK,并且下限值(400 NOK)大致反映了WTP值,上限值(2000 NOK)大致反映了WTA。此外,94%的挪威公众认为他们拥有当地公共图书馆的财产权。最终,该项研究认为挪威公共图书馆的ROI为4:1。

(4)沃加沃加城市图书馆社会价值评估[14-15]

沃加沃加是处于澳大利亚东南部新南威尔士马兰比季河畔的一个城镇,现拥有人口6万,沃加沃加城市图书馆拥有馆藏10万。因此该图书馆是一个名副其实的小型城镇图书馆,而该项研究也是对小型图书馆社会价值进行评估的典型案例。

该项研究综合采用CVM和CM(选择模型,Choice Modeling)方法,选择了澳洲统计局(Australian Bureau of Statistics)的16个普查区域,利用群团抽样技术(Cluster Sampling Technique),选择了384户发放调查问卷,回收336份。结果表明,用户对该图书馆现有服务的WTP为每月8.27美元,基本服务的WTP为每月3.66美元。据此估算,该图书馆一年的总体社会价值为1,762,105美元,而2006—2007年度的投入为1,329,422美元,因此沃加沃加城市图书馆的总体ROI为1.33:1。此外,图书馆的馆藏价值为779,844美元,而对馆藏投入的总和为429,967美元,因此馆藏的ROI为1.8:1;图书馆技术服务的社会价值为600,615美元,投入为250,738美元,ROI为2.4:1。

4. CVM 在国外高校图书馆的应用案例

关于国外高校图书馆应用 CVM 进行社会价值评估的报道,目前发现美国已有 3 例,分别是 1999 年弗吉尼亚联邦大学(Virginia Commonwealth University)图书馆参考咨询服务台的社会价值评估、2006 年匹兹堡大学(University of Pittsburgh)图书馆评估期刊馆藏的社会价值和 2007 年伊利诺伊大学厄巴那-香槟分校(University of Illinois at Urbana-Champaign)图书馆的社会价值评估。

(1)弗吉尼亚联邦大学图书馆参考咨询台服务社会价值评估[16]

弗吉尼亚联邦大学图书馆是较早开展图书馆社会价值评估的机构,该项研究主要针对的是图书馆参考咨询台的服务(Reference Desk Service)。研究者认为,参考咨询服务不仅包括常见的利用价值(use value),还包括选择价值(option value),即:使潜在用户了解他们有利用图书馆参考咨询服务选择权的价值。

该项研究综合采用 CVM、CS 和时间成本法(Cost of Time),选择了 382 名该校的在校学生和教职员工进行面对面的访谈。结果显示,84% 的学生使用过图书馆的参考咨询服务,学生每学期使用图书馆参考咨询服务的平均次数 2—5 次,教师使用的平均次数为 2—5 次/年。而图书馆参考咨询服务带来的总价值为 326,443 美元,其中给学生带来的价值是 257,895 美元,给教职员工带来的价值是 68,548 美元。成本方面,学生花费在参考咨询上的时间的平均价值为 7.48 美元,中值为 5 美元,教职员工所耗费时间的平均价值为 60 美元,中值为 37.5 美元,总的成本为 93,600 美元,因此该校图书馆参考咨询台服务的 ROI 为 3.5∶1。最终,该项研究认为,3.5∶1 的 ROI 打消了不少用户对参考咨询台存在价值的疑虑,充分说明高校图书馆确有必要设立参考咨询台。

(2)匹兹堡大学图书馆期刊馆藏社会价值评估[17]

该项研究主要目的是评估图书馆馆藏期刊对匹兹堡大学成员的价值。研究者综合采用 CVM 和时间成本法,通过问卷调查的方式对 209 位成员进行了调查。调查问卷主要询问被调查者最近所阅读的一篇期刊文献的相关情况,内容主要包括以下4个方面:①用户查找、获取以及打印该文献所花费的时间;②阅读该文献的所得;③对电子期刊与文献的利用及对其特征的关注;④其他与电子期刊相关的问题,如数据库响应的速度等。

结果显示,如果图书馆馆藏期刊不存在,该校成员需要花费多于250,000小时的时间和2,100,000美元来利用替代资源,因此研究者估算图书馆馆藏期刊的价值为13,480,000美元。而在支出方面,匹兹堡大学成员利用馆藏期刊的成本为1,560,000美元,图书馆购买期刊的成本为1,870,000美元,总计3,430,000美元,所以总的收益为11,610,000美元。因此匹兹堡大学图书馆馆藏期刊的ROI为3.93。

(3)伊利诺伊大学厄巴那－香槟分校图书馆社会价值评估[18]

伊利诺伊大学厄巴那－香槟分校图书馆的馆长保拉·考夫曼(Paula Kaufman)认为每一个图书馆都面临着在信息化时代证明自身价值的挑战,图书馆在学术环境下,必须显示出"竞争性优势"。为此,该图书馆于2007年与Elsevier以及Informed Strategies公司合作,探寻高校图书馆价值的定量化揭示。该项研究的目的是收集证明投资回报的"硬数据",创建一个适用于其他机构的计量公式,通过使用学术界通用的计量方法证明图书馆价值。也即创建一个能解决以下因变量问题的公式:"在图书馆上投入1美元,高校能获得X美元的回报。"

该项研究经过多轮探讨,最终选择从图书馆资源的提供与资助项目成功申请关系着手,来证明图书馆的价值。调查对象选择了终身制体系下的教研人员,于2007年9月在线发放调查问卷2000多份,回收328份。结果表明,近75%的受访者表示,他们项目申请书中超过3/4的引用文献是通过图书馆获取的,而该校的项目平均资助额度约64,000美元,通过计算,得出平均资助收益为25,000美元,然后根据2006年该校所获得的资助项目数和图书馆2006年当年的总预算,得出总体ROI为

4.38∶1。如果只把文献预算当作成本的话,ROI 为 12∶1。

5. 小结与启示

综上所述,国外图书馆,尤其是美国的公共图书馆,已经较为广泛地意识到评估图书馆社会价值的必要性,并逐步开展了相关的实践研究项目,也证实了 CVM 确实为一种图书馆社会价值评估的有效方法。相比之下,国内图书馆,不管是公共图书馆,还是高校图书馆,虽然也意识到了有必要对图书馆的社会价值进行分析[19-22],但总体而言尚未引起广泛关注,尤其是实践领域的关注与重视。故对于我国图书馆来说,重要的是充分认识到 CVM 评估图书馆社会价值的重要意义:第一,CVM 有助于证明图书馆存在的价值,高校图书馆和公共图书馆都不同程度地面临着资金投入不足的压力,在此情况下,采用 CVM 方法,以明确、客观有力的事实和数据来衡量图书馆的社会价值,了解图书馆的投入与产出之间的比率,从而更好地评估图书馆的社会价值。而国外图书馆的实践研究表明,被调查图书馆一般都取得了相当不错的投资回报率,这对于证明图书馆的存在确实物有所值以及争取更多的财政支持都有着积极的影响。第二,有助于评估结果被管理层和公众所接受,应用 CVM 评估图书馆社会价值的过程中,是从用户的角度出发,通过调查用户群体的赋值来确认图书馆的价值,这就有效地避免了图书馆"王婆卖瓜,自卖自夸"的嫌疑,使得评估方式和结果都更容易被管理层和公众所接受。此外,在评估实施过程中,图书馆需要与用户进行访谈或问卷调查,有利于用户更多地了解图书馆的服务,也有助于图书馆更好地收集用户的反馈信息,因此这不仅是一种有效的图书馆服务推广、营销方式,同时也是一种促进图书馆服务水平提升的途径[23]。

当然,我们也应该注意到,CVM 并非是一个完美的解决方案,现有研究表明其在评估应用中也存在着一些不足,如 WTP、WTA 较难准确计算,WTP 与 WTA 差异较大,调查结果受问卷设计影响较大等问题。国外图书馆在评估其社会价值的过程中,一般都综合采用多种方法,如消费者剩余、时间成本法、输入输出经济模型 REMI 等。对于国内图书馆来说,如何应用 CVM、如何克服其在评估中所存在的不足以及根据国内图书馆的特点对 CVM 进行适度地调整等都是值得研究的问题。

【参考文献】

[1] Ninan K. N. , Contingent Valuation Method [EB/OL]. [2010 - 12 - 12] http://www. bren. ucsb. edu/academics/courses/245/Presentations/11_13_08_Contingent_Valuation_Method. pdf

[2] Loomis J. B. & Walsh R. G. , Recreation Economic Decisions: Comparing Benefits and Costs(second edition)[M]. State College, Pennsylvania: Venture Publishing, 1997:1 - 440.

[3] Davis R. K. , Recreation planning as an economic problem [J]. Natural Resource Journal, 1963, 15(3):240 - 249.

[4] Arrow K. , Solow R. , Portney P. , et al. , Report of the NOAA panel on contingent valuation [J]. Fed Register, 1993(58):4601 - 4614.

[5] Griffiths J. M. , King D. W. & Lynch T. , Taxpayer Return on Investment in Florida Public Libraries: Summary Report [EB/OL]. [2010 - 12 - 12] http://dlis. dos. state. fl. us/bld/roi/pdfs/ROISummaryReport. pdf

[6] British Library, Measure Our Value [EB/OL]. [2010 - 12 - 12] http://www. bl. uk/aboutus/stratpolprog/increasingvalue/measuring. pdf

[7] Barron D. D. , Williams R. V. , Bajjaly S. et al. , The Economic Impact of Public Libraries on South Carolina [EB/OL]. [2010 - 12 - 12] http://www. libsci. sc. edu/SCEIS/exsummary. pdf

[8] Driscoll L. & Fleeter, Value For Money: Southwestern Ohio's Return from Investment in Public Libraries [EB/OL]. [2010 - 12 - 12] http://www. ila. org/advocacy/pdf/Ohio. pdf

[9] Beach S. , schlarb J. , Briem C. et al. , Taxpayer Return - on - Invest-

ment [ROI] in Pennsylvania Public Libraries [EB/OL]. [2010 – 12 – 12] http://www.ila.org/advocacy/pdf/UNC_Pennsylvania.pdf

[10] ST. Louis, Public Library Benefits Valuation Study [EB/OL]. [2010 – 12 – 12] http://www.slpl.lib.mo.us/libsrc/valuationtoc.htm

[11] McDermott Miller Limited, National Bibliographic Database and National Union Catalogue: Economic Valuation [EB/OL]. [2010 – 12 – 12] http://www.natlib.govt.nz/downloads/Economic_valuation_NBD_and_NUC.pdf

[12] Aabø S., Are Public Libraries Worth Their Price? A Contingent Valuation Study of Norwegian Public Libraries [J] New Library world, 2005, 106(11/12):487 – 495.

[13] Hall S., A National Survey of the Perceived Monetary Value of Public Library Service for Norwegians: Contingent Valuation Approach Reveals a 1:4 Cost – Benefit Ratio [J]. Evidence Based Library and Information Practice, 2007, 2(01):128 – 130.

[14] Hider P., How Much are Technical Services Worth? Using the Contingent Valuation Method to Estimate the Added Value of Collection Management and Access [J]. Library Resources Technical Services, 2007, 52(04): 254 – 262.

[15] Hider P., Using the Contingent Valuation Method for Dollar Valuations of Library Services [J]. Library Quarterly, 2008, 78(04):437 – 458.

[16] Harless D. W. & Allen F. R., Using the Contingent Valuation Method to Measure Patron Benefits of Reference Desk Service in an Academic Library [J]. College & Research Libraries, 1999, 60(01):56 – 69.

[17] Aerni S. E. & King D. W., Contingent Valuation in Public and Academic Libraries [EB/OL]. [2010 – 12 – 12] http://www.arl.org/arldocs/stats/statsevents/laconf/2006/Aerni.ppt.

[18] Luther J. University Investment in the Library: What's the Return? A Case Study at the University of Illinois at Urbana – Champaign[EB/OL]. [2010 – 12 – 12] http://libraryconnect. elsevier. com/whitepapers/lc-wp0101. pdf

[19] 殷沈琴. 条件价值评估法在公共图书馆价值评估中的应用[J]. 图书馆杂志,2007(03):7 – 10.

[20] 钱佳平,刘兹恒. 国外基于投资回报的图书馆价值研究:述评与启示[J]. 中国图书馆学报,2008(06):84 – 89.

[21] 殷沈琴,温国强. 图书馆物有所值吗:国外图书馆应用CVM测量投资回报率的实践述评[J]. 图书馆理论与实践,2008(08):80 – 83.

[22] 殷沈琴,赵睿杰. 公共图书馆价值评估实证研究:运用CVM评估上海图书馆的价值为例[J]. 图书馆杂志,2011(02):17 – 20.

[23] 钱佳平,刘兹恒. 国外基于投资回报的图书馆价值研究:述评与启示[J]. 中国图书馆学报,2008(06):84 – 89.

(七)高校图书馆参考咨询人员绩效评价指标体系研究

【摘要】参考咨询工作是高校图书馆为教学、科研、社会服务的重要组成部分,提高参考咨询人员工作绩效,打造图书馆核心竞争力是一项重要并且有意义的工作。文章采用定性与定量相结合的研究方法,利用特尔菲法(Delphi法)与层次分析法,建立一套针对图书馆参考咨询人员的绩效评价体系,以期提高参考咨询人员的服务质量。

【关键词】参考咨询;绩效;特尔菲法;层次分析法;指标

1. 前言

绩效评价是指运用一定的评价方法、量化指标及评价标准,为实现其职能所确定的绩效目标的实现程度,及为实现这一目标所安排预算的执行结果所进行的综合性评价。将绩效评价应用于图书馆始于20世纪60

年代后期和70年代初期的美国图书馆界。

国外图书情报领域对数字参考咨询绩效的评价做了大量的研究工作,相关著作和各专业协会所定的标准与指导方针都具有很强的实用性和参考价值。1998年国际标准颁布的《信息和文献工作—图书馆绩效指标》[1],对图书馆的绩效评估指标、结构体系、测评方法均做了明确规定,共列5大类29项指标,就图书馆的服务满意度、读者服务、技术服务、推广服务、人力资源利用等方面对图书馆进行绩效评估。国际图书馆协会联盟出版的《学术图书馆绩效评估指引》,探讨了学术图书馆的绩效评估,提供了17项评估指标,被认为是一部国际性图书馆绩效评估的指引手册[2]。

国内的图书馆员绩效评价也取得了一定的成果,如张丹基于层次分析法,建立高校图书馆员绩效评价指标体系和评价模型,绩效指标体系包含业务水平、工作业绩、科研成果、组织纪律和服务意识五个一级指标[3];胡玉文分析了图书馆所建立的参考咨询绩效评估制度,探讨了建立科学有效的图书馆参考咨询服务工作绩效评估机制[4]。区旭坤分析绩效评价机制的特点及其适用方法,提出绩效评价的基本内容包括德、能、勤、绩四大部分[5]。廉立军等人则利用层次分析法从服务环境、资源保障、人员素质、服务特征、服务能力、人员管理、服务效果7个方面对学科馆员的服务绩效进行了评价[6]。

本文在前人研究的基础上,采用特尔菲法与层次分析法相结合对图书馆参考咨询人员工作因素进行分析。首先确定关键指标因素,在此基础上通过两轮专家咨询构建参考咨询人员绩效评价指标体系,根据专家评分确定各项指标及其相对重要性,运用层次分析法构建判断矩阵,计算各项指标权重,对结果进行一致性检验,为建立科学、合理的参考咨询人员绩效评价指标体系提供一些参考。

2. 绩效评价指标体系构建的原则

对参考咨询人员的工作绩效进行评价,其目的是提高参考咨询人员的工作水平,进而提高整个咨询服务部门的工作效率和水平。因此,构建参考咨询人员绩效评价指标体系时,应遵循以下原则。

(1)发挥参考咨询人员的主观能动性

在既定的总体目标和自我考核的体系下,参考咨询人员在自主工作的前提下,能够在工作中相互沟通,发挥各自特长,自主学习和自我提高,从而拓展和更新参考咨询人员的知识结构和视野,以增强参考咨询的技能。

(2)体现合理的评价理念和导向

在评价指标设计中不仅应该重视参考咨询人员目前的工作情况,使其发现目前自身的优势和不足,而且能够对参考咨询人员今后的努力方向有引导性和激励性,促进其全面发展。

(3)定性和定量相结合

评估指标的建立要按照定量检测、定性评估的方式进行,确保评价的规范性和科学性,在制定参考咨询人员评价指标时,既要重视量的多少,更要注重质的不同。在确定参考咨询工作人员的评价指标时,诸如回答课题数量、回答问题时间等可以定量的指标,则需要给予明确的定量标准,但不能忽视对课题回答质量、创新工作等定性指标的评价。

3. 评价指标体系的设计与选择

(1)特尔菲法确定考核指标

本研究在文献调研基础上,设计发放了两轮专家问卷调查表,向江苏省12所高校图书馆30位参考咨询部主任及从事参考咨询的资深人员发放调查问卷,请专家对初步拟定的参考咨询人员绩效评价指标进行分析和判断。

第一轮咨询表中主要介绍研究目的和相关背景资料,请专家具体评价每一项指标的可获得性(反应性),评价各项指标与参考咨询工作的相关性。第二轮咨询表中体现了第一轮专家的反馈意见,并进行二次咨询。通过两轮专家咨询初步确定参考咨询人员绩效评价指标体系。包括4个一维指标,17个二维指标,即职业素质指标(硕士以上学历、高级职称、3年以上从业时间)、专业水平指标(英语能力、业务知识、专业资质、业务技能)、工作业绩指标(问题回答数量、问题响应时间、问题响应质量、问题回答满意度)、职业潜力指标(科研成果、论文与专著、开拓新业务、利用新技术、继续教育、参加学术活动)。

(2)利用层次分析法确定各指标权重

运用层次分析法解决问题,首先要构造好各类问题的层次结构图,在此基础上确定每一层的各因素相对重要性的权数,直至计算出措施层各方案的相对权数,其层次结构图与评价指标体系相对应。最高层为目标层,目标就是评价参考咨询人员绩效,第二层为准则层,即评价的几个方面,第三层为指标层,是对准则层的具体说明。评价指标体系如图6-4所示。

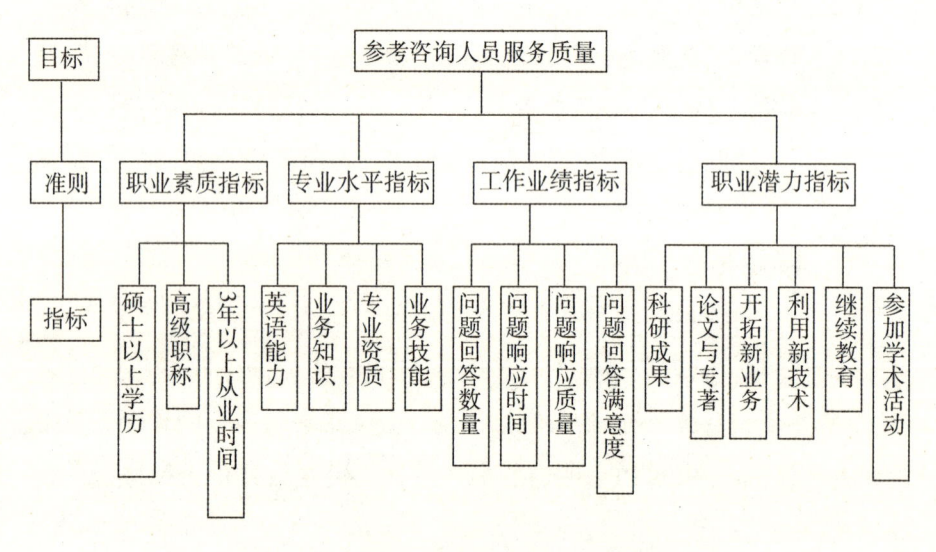

图6-4 参考咨询人员绩效评价指标体系

① 构建两两比较判断矩阵

本研究采用SAATY教授提出的1—9标度法对不同评价指标进行两

两比较,构建判断矩阵,如隶属于指标 A 的指标 $B_j(j=1,2,\cdots\cdots,n)$,其判断矩阵为 n 维方阵。$b_{ij}$ 表示在隶属于 A 的诸指标中,指标 i 对于指标 j 的相对重要性程度。矩阵中 B_{ij} 值与被比较元素的相对重要程度之间的对应关系如下:当 B_i 与 B_j 比较得 1 时,表示 B_i 与 B_j 同等重要;当 B_i 与 B_j 比较得 3 时,表示 B_i 比 B_j 稍微重要;当 B_i 与 B_j 比较得 5 时,表示 B_i 比 B_j 明显重要;当 B_i 与 B_j 比较得 7 时,表示 B_i 比 B_j 强烈重要;当 B_i 与 B_j 比较得 9 时,表示 B_i 比 B_j 极端重要;当 B_i 与 B_j 比较得 2、4、6、8 时,则表示 B_i 比 B_j 的重要性程度分别为上述相邻两标度的中间值。另外,若元素 B_i 与 B_j 比较得 b_{ij},则元素 B_i 与 B_j 相比得 $1/b_{ij}$。[7]

总体来说,相对于参考咨询人员绩效评价体系这个总目标(A),选择准则层中的因素(B)两两相对比较,得出对于总目标的相对重要性比较的数值判断,构造该级别数值判断矩阵。同理,可以构造出指标层对于准则层的相对重要性比较的判断矩阵。根据以上原则与方法,结合已有的资料,邀请上述 30 名专家对 b_{ij} 赋值,分别得到了不同的判断矩阵。考虑到各位专家的判断有一定差异,为综合各专家的意见,笔者按各个专家判断矩阵中的数值进行几何平均并作简化处理,得到汇总的判断矩阵表。一级指标判断矩阵见表 6-22。

表 6-22 参考咨询人员绩效评价一级指标判断矩阵

一级指标	职业素质指标 B_1	专业水平指标 B_2	工作业绩指标 B_3	职业潜力指标 B_4
B_1	1	1/3	1/5	1/3
B_2	3	1	1/2	1
B_3	5	2	1	2
B_4	3	1	1/2	1

②解判断矩阵

计算出判断矩阵的最大特征根及其对应的权向量,得到第一维各项指标的权重,并作一致性检验。

a. 用方根法求权重 W_i：

$$W_i = \frac{\bar{W}_i}{\sum_{i=1}^{n} \bar{W}_i}$$

$$\bar{W}_i = (a_{i1} \ a_{i2} \cdots a_{in})^{1/n}$$

b. 求最大特征根：

$$\lambda_{max} = \frac{1}{n} \sum_{i=1}^{n} \frac{(AW)_i}{W_i}$$

c. 一致性检验：

$$CI = \frac{\lambda_{max} - n}{n-1}$$

$$CR = \frac{CI}{RI}$$

当计算得出的一致性比率 $CR < 0.10$ 时,可以判断此矩阵通过一致性检验,说明本级各项指标权重判断无逻辑上的错误,见表 6-23。

表 6-23 一维指标权重计算结果

指标	权重 W_i
职业素质指标	0.08
专业水平指标	0.24
工作业绩指标	0.44
职业潜力指标	0.24

最大特征根 $\lambda_{max} = 4.01$,一致性比率 $CR = CI/RI = 0.002 < 0.10$（$RI = 0.90$）,通过一致性检验。

③用以上相同的方法求以下各层的权重,见表 6-24 ~ 表 6-27。

表6-24 二维指标权重计算结果(职业素质指标)

指标	学历	职称	从事专业时间	权重 W_i
硕士以上学历	1	1/5	1/3	0.10
高级职称	5	1	3	0.61
3年以上从业时间	3	1/3	1	0.29

最大特征根 $\lambda_{max}=3.06$,一致性比率 CR = CI/RI = 0.048 < 0.10(RI = 0.58),通过一致性检验。

表6-25 二维指标权重计算结果(专业水平指标)

指标	英语能力	业务知识	专业资质	业务技能	权重 W_i
英语能力	1	1/3	1/3	1/5	0.08
业务知识	3	1	1/2	1/3	0.20
专业资质	3	2	1	1/2	0.27
业务技能	5	3	2	1	0.45

最大特征根 $\lambda_{max}=4.08$,一致性比率 CR = CI/RI = 0.031 < 0.10(RI = 0.90),通过一致性检验。

表6-26 二维指标权重计算结果(工作业绩指标)

指标	问题回答数量	问题响应时间	问题响应质量	问题回答满意度	权重 W_i
问题回答数量	1	1/3	1/7	1/5	0.06
问题响应时间	3	1	1/3	1/2	0.17
问题响应质量	7	3	1	2	0.46
问题回答满意度	5	2	1/2	1	0.30

最大特征根 $\lambda_{max}=4.03$,一致性比率 CR = CI/RI = 0.010 < 0.10(RI = 0.90),通过一致性检验。

表 6-27 二维指标权重计算结果（职业潜力指标）

指标	科研成果	论文与专著	开拓新业务	利用新技术	继续教育	参加学术活动	权重 W_i
科研成果	1	2	3	4	4	7	0.35
论文与专著	1/2	1	2	3	3	6	0.26
开拓新业务	1/3	1/2	1	2	2	3	0.15
利用新技术	1/4	1/3	1/2	1	1/2	3	0.09
继续教育	1/4	1/3	1/2	2	1	3	0.12
参加学术活动	1/7	1/6	1/3	1/3	1/3	1	0.04

最大特征根 $\lambda_{max}=6.18$，一致性比率 CR = CI/RI = 0.030 < 0.10（RI = 1.24），通过一致性检验。

④组合权重

将各级指标的权重连乘（均已通过一致性检验），获得各项指标的组合权重，见表 6-28。

表 6-28 各级指标的权重

	一级指标权重	二级指标权重
参考咨询人员绩效评价	职业素质指标(0.08)	硕士以上学历(0.008)
		高级职称(0.049)
		3年以上从业时间(0.024)
	专业水平指标(0.24)	英语能力(0.019)
		业务知识(0.048)
		专业资质(0.065)
		业务技能(0.109)
	工作业绩指标(0.44)	问题回答数量(0.026)
		问题响应时间(0.075)
		问题响应质量(0.203)
		问题回答满意度(0.133)

续表

参考咨询人员绩效评价	一级指标权重	二级指标权重
	职业潜力指标(0.24)	科研成果(0.084)
		论文与专著(0.062)
		开拓新业务(0.035)
		利用新技术(0.022)
		继续教育(0.028)
		参加学术活动(0.009)

在对参考咨询人员的实际考核中,各项考核指标的实际值与其组合权重乘积之和即为该参考咨询人员工作的综合指数。

4. 结语

本研究采用特尔菲法与层次分析法相结合的方式确定参考咨询人员绩效评价指标体系及相应权重系数,旨在为客观评价参考咨询人员绩效方面做出尝试,利用层次分析法对绩效评价的定量化进行探讨,通过构造判断矩阵,先对单层指标进行权重计算,然后再进行层次间的指标总排序,来确定所有指标因素相对于总指标的相对权重,为确定类似指标体系权重提供了一种很好的解决途径。利用层次分析法,不仅可以降低工作难度,提高指标权重的精确度和科学性,而且通过采取对判断矩阵进行一致性检验等措施,有利于提高权重确定的信度和效度。

但参考咨询人员绩效评价指标的研究是一个涉及因素众多、关系复杂的多层次问题,也是一个系统工程。本文只是作了初步的尝试性探讨,还有待在实践中检验。对一些问题如考评指标、考评标准、指标权重等,还需根据各图书馆的具体情况、具体问题作进一步的深入分析。

【参考文献】

[1] ISO 11620:1998, Information and documentation – – Library performance indicators[EB/OL]. [2011 – 04 – 20]. http://www.iso.org/iso/

iso_catalogue/catalogue_tc/catalogue_detail. htm? csnumber = 19552

[2] Poll, Roswitha. Measuring quality: international guidelines for performance measurement in academic libraries[EB/OL]. [2010 - 04 - 12]. http://catalogue. nla. gov. au/Record/1387155

[3]张丹. 运用层次分析法进行高校图书馆员绩效评价[J]. 山东工商学院学报,2009(3):118 - 121.

[4]胡玉文. 关于建立图书馆参考咨询绩效评估制度的探索[J]. 深图通讯,2005(4):32 - 34,46.

[5]区旭坤. 图书馆人力资源管理绩效评价问题分析[J]. 图书馆论坛,2010(4):142 - 143.

[6]廉立军. 高校图书馆学科馆员服务质量评价研究[J]. 图书馆理论与实践,2008(1):94 - 96.

[7]易程,李春. 基于ISO11620图书馆绩效指标的层次分析法评价模型研究[J]. 大学图书馆学报,2010(2):28 - 32,78.

附　　录

附录1　网络数据库评价指标体系调查表（第一轮）

网络数据库一级指标调查表（第一轮）

本调查所称的网络数据库，是指以后台数据库为基础，加上一定的前台程序，通过浏览器完成数据查询等操作的系统。例如中国学术期刊全文数据库（CNKI）、维普中文科技期刊全文数据库（VIP）、Web of Science、ProQuest Digital Dissertations（PQDD）等。

一级指标	指标说明	相对重要性（从5到1重要性逐渐递减，5表示非常重要，1表示不重要）
收录范围	包括网络数据库的收录内容的来源、时间跨度和更新的频率，是评价数据库内容的最基本的指标。	○5　○4　○3　○2　○1
检索功能	网络数据库使用的核心，主要包括检索方式、检索入口、检索效率、检索界面以及检索结果的处理情况。	○5　○4　○3　○2　○1
服务功能	包括除在本数据库检索以外，该数据库能够提供给用户的其他功能，包括咨询服务、定题服务等。	○5　○4　○3　○2　○1
您认为还需要增加哪些一级指标？请列出，并给出相对重要程度。	指标名称：□	○5　○4　○3　○2　○1
	指标名称：□	○5　○4　○3　○2　○1
	指标名称：□	○5　○4　○3　○2　○1
	指标名称：□	○5　○4　○3　○2　○1
	指标名称：□	○5　○4　○3　○2　○1

提交　　重填　　返回

高校图书馆网络数据库评价体系研究 >>>

网络数据库二级指标调查表（第一轮）

一级指标	二级指标	指标说明	相对重要性（从5到1重要性逐渐递减，5表示非常重要，1表示不重要）
收录范围	年度跨度	数据库中收录的文献的年度范围。	○5 ○4 ○3 ○2 ○1
	更新频率	更新的周期，周期越短，频率越快。	○5 ○4 ○3 ○2 ○1
	来源文献数量	收录的文献的总的数量。	○5 ○4 ○3 ○2 ○1
此一级指标下，您认为还需要增加哪些二级指标？请列出，并给出重要程度。		指标名称：＿＿＿	○5 ○4 ○3 ○2 ○1
		指标名称：＿＿＿	○5 ○4 ○3 ○2 ○1
		指标名称：＿＿＿	○5 ○4 ○3 ○2 ○1
检索功能	检索方式	是否可以进行布尔检索、组配检索、截词检索、二次检索等方式。	○5 ○4 ○3 ○2 ○1
	检索入口	是否可以从著者、著者单位、出版时间、文献类型、文献语种、文献篇名、出版物名称、文摘、主题词/关键词、分类号、ISSN/ISBN、材料识别号等角度检索。	○5 ○4 ○3 ○2 ○1
	结果处理	是否可以调整显示方式以及输出方式。	○5 ○4 ○3 ○2 ○1
	检索效率	是指检全率、检准率、响应时间、检索速度等方面。	○5 ○4 ○3 ○2 ○1
	检索界面	界面设计是否友好、是否易用。	○5 ○4 ○3 ○2 ○1
此一级指标下，您认为还需要增加哪些二级指标？请列出，并给出重要程度。		指标名称：＿＿＿	○5 ○4 ○3 ○2 ○1
		指标名称：＿＿＿	○5 ○4 ○3 ○2 ○1
		指标名称：＿＿＿	○5 ○4 ○3 ○2 ○1
服务功能	资源整合	是指能否进行跨库检索、一站式检索。	○5 ○4 ○3 ○2 ○1
	个性化服务	如用户界面定制、创建个人帐户、邮件定题服务、个人期刊列表、文献传递服务等。	○5 ○4 ○3 ○2 ○1
	咨询服务	如是否可以提供在线帮助等。	○5 ○4 ○3 ○2 ○1
此一级指标下，您认为还需要增加哪些二级指标？请列出，并给出重要程度。		指标名称：＿＿＿	○5 ○4 ○3 ○2 ○1
		指标名称：＿＿＿	○5 ○4 ○3 ○2 ○1
		指标名称：＿＿＿	○5 ○4 ○3 ○2 ○1

[提交] [重填] [返回]

附录2 网络数据库评价指标体系调查表(第二轮)

网络数据库一级指标调查表(第二轮)

本调查所称的网络数据库,是指以后台数据库为基础,加上一定的前台程序,通过浏览器完成数据查询等操作的系统。例如中国学术期刊全文数据库(CNKI)、维普中文科技期刊全文数据库(VIP)、Web of Science、ProQuest Digital Dissertations(PQDD)等。

一级指标	指标说明(一级指标中,红体字指标为根据第一轮调查结果新增指标。)	相对重要性(从5到1重要性逐渐递减,5表示非常重要,1表示不重要。选项后面的百分数表示第一轮中选择该项的专家人数比例。)
收录范围	包括网络数据库的收录内容的来源数量,时间跨度和更新的频率等,是评价数据库内容的最基本的指标。	○5(57.69%) ○4(34.62%) ○3(3.85%) ○2 ○1
检索功能	网络数据库使用的核心,主要包括检索方式、检索入口、检索效率、检索界面以及检索结果的处理情况。	○5(80.77%) ○4(15.38%) ○3 ○2 ○1
服务功能	包括除在本数据库检索以外,该数据库能够提供给用户的其他功能,包括咨询服务、定题服务等。	○5(53.85%) ○4(30.77%) ○3(11.54%) ○2 ○1
收费情况	使用费用的高低,对个人用户而言,指获得一篇文献的费用。	○5 ○4 ○3 ○2 ○1
网络安全	是否采取了防范病毒和黑客的措施。	○5 ○4 ○3 ○2 ○1
您认为还需要增加哪些一级指标?如需要,请列出,并给出相对重要程度。	指标名称及说明: 指标名称及说明: 指标名称及说明:	○5 ○4 ○3 ○2 ○1 ○5 ○4 ○3 ○2 ○1 ○5 ○4 ○3 ○2 ○1

提交　重填　返回

高校图书馆网络数据库评价体系研究 >>>

网络数据库二级指标调查表（第二轮）

一级指标	二级指标	指标说明（一、二级指标中，红体字指标为根据第一轮调查结果新增指标。）	相对重要性（从5到1重要性逐渐递减， 5表示非常重要，1表示不重要。选项后面的百分数表示第一轮中选择该项的专家人数比例。）
收录范围	年度跨度	数据库中收录的文献的年度范围。	○5 (60.00%) ○4 (36.00%) ○3 (4.00%) ○2 ○1
	更新频率	更新的周期，周期越短，频率越快。	○5 (84.00%) ○4 (16.00%) ○3 ○2 ○1
	来源文献数量	收录文献的数量多少。	○5 (56.00%) ○4 (32.00%) ○3 (12.00%) ○2 ○1
	来源文献质量	收录文献的质量高低。	○5 ○4 ○3 ○2 ○1
	来源文献的全面性	收录本领域内文献的完备成度。	○5 ○4 ○3 ○2 ○1
	特色收录	同类数据库中，收录文献的收藏特色。	○5 ○4 ○3 ○2 ○1
此一级指标下，您认为还需要增加哪些二级指标？请列出，并给出重要程度。		指标名称及说明：＿＿＿＿	○5 ○4 ○3 ○2 ○1
		指标名称及说明：＿＿＿＿	○5 ○4 ○3 ○2 ○1
检索功能	检索方式	是否可以进行布尔检索、组配检索、截词检索、二次检索等方式。	○5 (72.00%) ○4 (28.00%) ○3 ○2 ○1
	检索入口	是否可以从著者、著者单位、出版时间、文献类型、文献语种、文献篇名、出版物名称、文摘、主题词/关键词、分类号、ISSN/ISBN、材料识别号等等角度检索。	○5 (96.00%) ○4 (4.00%) ○3 ○2 ○1
	结果处理	是否可以调整显示方式以及输出方式。	○5 (44.00%) ○4 (44.00%) ○3 (8.00%) ○2 (4.00%) ○1
	检索效率	是指检全率、检准率、响应时间、检索速度等方面。	○5 (76.00%) ○4 (20.00%) ○3 (4.00%) ○2 ○1
	检索界面	界面设计是否友好、是否易用。	○5 (48.00%) ○4 (40.00%) ○3 (12.00%) ○2 ○1
此一级指标下，您认为还需要增加哪些二级指标？请列出，并给出重要程度。		指标名称及说明：＿＿＿＿	○5 ○4 ○3 ○2 ○1
		指标名称及说明：＿＿＿＿	○5 ○4 ○3 ○2 ○1
服务功能	资源整合	是指能否进行跨库检索、一站式检索。	○5 (64.00%) ○4 (36.00%) ○3 ○2 ○1
	个性化服务	如用户界面定制、创建个人帐户、邮件定题服务、个人期刊列表等。	○5 (52.00%) ○4 (32.00%) ○3 (12.00%) ○2 (4.00%) ○1
	交互功能	如是否可以提供在线帮助、咨询，及定期咨询用户意见等。	○5 (32.00%) ○4 (52.00%) ○3 (16.00%) ○2 ○1
	全文提供服务	能否提供全文及提供的方式，及是否提供不同格式的下载。	○5 ○4 ○3 ○2 ○1
	链接功能	是否可以在检索结果中提供链接指向，如全文、引文、相关文献、其它数据库、网页等。	○5 ○4 ○3 ○2 ○1
	离线配套服务	如是否提供给用户在离线状态下的相关配套服务。	○5 ○4 ○3 ○2 ○1
	检索结果分析	是否对检索结果进行粗略的统计分析。	○5 ○4 ○3 ○2 ○1
此一级指标下，您认为还需要增加哪些二级指标？请列出，并给出重要程度。		指标名称及说明：＿＿＿＿	○5 ○4 ○3 ○2 ○1
		指标名称及说明：＿＿＿＿	○5 ○4 ○3 ○2 ○1
收费情况	此一级指标下，您认为需不需要增加二级指标？如需要，请列出，并给出重要程度。	指标名称及说明：＿＿＿＿	○5 ○4 ○3 ○2 ○1
		指标名称及说明：＿＿＿＿	○5 ○4 ○3 ○2 ○1
		指标名称及说明：＿＿＿＿	○5 ○4 ○3 ○2 ○1
网络安全	此一级指标下，您认为需不需要增加二级指标？如需要，请列出，并给出重要程度。	指标名称及说明：＿＿＿＿	○5 ○4 ○3 ○2 ○1
		指标名称及说明：＿＿＿＿	○5 ○4 ○3 ○2 ○1
		指标名称及说明：＿＿＿＿	○5 ○4 ○3 ○2 ○1

[提交] [重填] [返回]

附录3　网络数据库评价指标体系调查表(第三轮)

网络数据库一级指标调查表(第三轮)

本调查所称的网络数据库，是指以后台数据库为基础，加上一定的前台程序，通过浏览器完成数据查询等操作的系统。例如中国学术期刊全文数据库(CNKI)、维普中文科技期刊全文数据库(VIP)、Web of Science、ProQuest Digital Dissertations(PQDD)等。

一级指标	指标说明	相对重要性(从5到1重要性逐渐递减，5表示非常重要，1表示不重要。选项后面的百分数表示第二轮中选择该项的专家人数比例。)
收录范围	包括网络数据库的收录内容的来源，时间跨度和更新的频率，是评价数据库内容的最基本的指标。	○ 5 (92.86%)　○ 4 (7.14%)　○ 3　○ 2　○ 1
检索功能	网络数据库使用的核心，主要包括检索方式、检索入口、检索效率、检索界面以及检索结果的处理情况。	○ 5 (96.43%)　○ 4 (3.57%)　○ 3　○ 2　○ 1
服务功能	包括除在本数据库检索以外，该数据库能够提供给用户的其他功能，包括咨询服务、定题服务等。	○ 5 (82.14%)　○ 4 (17.86%)　○ 3　○ 2　○ 1
收费情况	使用费用的高低，对个人用户而言，指获得一篇文献的费用。	○ 5 (25.00%)　○ 4 (57.14%)　○ 3 (14.29%)　○ 2 (3.57%)　○ 1
网络安全	是否采取了防范病毒和黑客的措施。	○ 5 (35.71%)　○ 4 (50.00%)　○ 3 (10.71%)　○ 2 (3.57%)　○ 1

[提交]　[重填]　[返回]

网络数据库二级指标调查表(第三轮)

一级指标	二级指标	指标说明(二级指标中，红体字指标为根据第二轮调查结果新增指标。)	相对重要性(从5到1重要性逐渐递减，5表示非常重要，1表示不重要。选项后面的百分数表示第二轮中选择该项的专家人数比例。)
收录范围	年度跨度	数据库中收录的文献的年度范围。	○ 5 (82.14%)　○ 4 (17.86%)　○ 3　○ 2　○ 1
	更新频率	更新的周期，周期越短，频率越快。	○ 5 (85.71%)　○ 4 (14.29%)　○ 3　○ 2　○ 1
	来源文献数量	收录文献的数量多少。	○ 5 (82.14%)　○ 4 (17.86%)　○ 3　○ 2　○ 1
	来源文献质量	收录文献的质量高低。	○ 5 (71.43%)　○ 4 (25.00%)　○ 3 (3.57%)　○ 2　○ 1
	来源文献的全面性	收录本领域内文献的完备成度。	○ 5 (64.29%)　○ 4 (28.57%)　○ 3 (7.14%)　○ 2　○ 1
	特色收藏	同类数据库中，收录文献的收藏特色。	○ 5 (32.14%)　○ 4 (50.00%)　○ 3 (17.86%)　○ 2　○ 1
检索功能	检索方式	是否可以进行布尔检索、组配检索、截词检索、二次检索等方式。	○ 5 (96.43%)　○ 4 (3.57%)　○ 3　○ 2　○ 1
	检索入口	是否可以从著者、著者单位、出版时间、文献类型、文献语种、文献篇名、出版物名称、文摘、主题词/关键词、分类号、ISSN/ISBN、材料识别号等角度检索。	○ 5 (100.00%)　○ 4　○ 3　○ 2　○ 1
	结果处理	是否可以调整显示方式以及输出方式。	○ 5 (28.57%)　○ 4 (71.43%)　○ 3　○ 2　○ 1
	检索效率	是指查全率、查准率、响应时间、检索速度等方面。	○ 5 (89.29%)　○ 4 (10.71%)　○ 3　○ 2　○ 1
	检索界面	界面设计是否友好、是否易用。	○ 5 (46.43%)　○ 4 (53.57%)　○ 3　○ 2　○ 1
服务功能	资源整合	是指能否进行跨库检索、一站式检索。	○ 5 (85.71%)　○ 4 (14.29%)　○ 3　○ 2　○ 1
	个性化服务	如用户界面定制、创建个人帐户、邮件定题服务、个人期刊列表等。	○ 5 (53.57%)　○ 4 (42.86%)　○ 3 (3.57%)　○ 2　○ 1
	交互功能	如是否可以提供在线帮助、咨询，及定题咨询用户意见等。	○ 5 (25.00%)　○ 4 (75.00%)　○ 3　○ 2　○ 1
	全文提供服务	能否提供全文及提供的方式，及是否提供不同格式的下载。	○ 5 (75.00%)　○ 4 (25.00%)　○ 3　○ 2　○ 1
	链接功能	如是否可以在检索结果中提供链接指向，如全文、引文、相关文献、其它数据库、网页等。	○ 5 (53.57%)　○ 4 (25.00%)　○ 3 (17.86%)　○ 2 (3.57%)　○ 1
	离线配套服务	如是否提供给用户在离线状态下的相关配套服务。	○ 5 (3.57%)　○ 4 (57.14%)　○ 3 (35.71%)　○ 2 (3.57%)　○ 1
	检索结果分析	是否对检索结果进行相略的统计分析。	○ 5 (28.57%)　○ 4 (53.57%)　○ 3 (14.29%)　○ 2 (3.57%)　○ 1
收费情况	收费方式	是指收费的渠道及其便利性。	
	价格高低		
网络安全	系统安全	是否具有数据备份机制、防火墙、防病毒软件等。	○ 5　○ 4　○ 3　○ 2　○ 1
	用户信息安全	包括身份认证、用户权限设置与控制，以及个人信息的保密性等。	○ 5　○ 4　○ 3　○ 2　○ 1

[提交]　[重填]　[返回]

附录4　网络数据库评价指标体系调查结果（第三轮）

网络数据库一级指标评分统计表

一级指标	评分统计（总共28人回答）	评分情况
收录范围	139	5分(96.43%) | 4分(3.57%) |
检索功能	139	5分(96.43%) | 4分(3.57%) |
服务功能	137	5分(89.29%) | 4分(10.71%) |
收费情况	113	5分(10.71%) | 4分(82.14%) | 3分(7.14%) |
网络安全	124	5分(42.86%) | 4分(57.14%) |

返回

网络数据库评价指标体系评分统计表

一级指标	二级指标	评分统计（总共28人回答）	评分情况
收录范围	年度跨度	139	5分(96.43%) | 4分(3.57%) |
	更新频率	138	5分(92.86%) | 4分(7.14%) |
	来源文献数量	138	5分(92.86%) | 4分(7.14%) |
	来源文献质量	139	5分(96.43%) | 4分(3.57%) |
	来源文献的全面性	136	5分(85.71%) | 4分(14.29%) |
	特色收藏	119	5分(25.00%) | 4分(75.00%) |
检索功能	检索方式	139	5分(96.43%) | 4分(3.57%) |
	检索入口	140	5分(100.00%) |
	结果处理	115	5分(10.71%) | 4分(89.29%) |
	检索效率	140	5分(100.00%) |
	检索界面	126	5分(50.00%) | 4分(50.00%) |
服务功能	资源整合	138	5分(92.86%) | 4分(7.14%) |
	个性化服务	126	5分(50.00%) | 4分(50.00%) |
	交互功能	116	5分(14.29%) | 4分(85.71%) |
	全文提供服务	138	5分(92.86%) | 4分(7.14%) |
	链接功能	133	5分(75.00%) | 4分(25.00%) |
	离线配套服务	108	5分(7.14%) | 4分(78.57%) | 3分(10.71%) | 1分(3.57%) |
	检索结果分析	113	5分(14.29%) | 4分(75.00%) | 3分(10.71%) |
收费情况	收费方式	115	5分(21.43%) | 4分(67.86%) | 3分(10.71%) |
	价格高低	115	5分(25.00%) | 4分(60.71%) | 3分(14.29%) |
网络安全	系统安全	127	5分(53.57%) | 4分(46.43%) |
	用户信息安全	122	5分(42.86%) | 4分(50.00%) | 3分(7.14%) |

返回

附录5 建立评价指标的判断矩阵(程序一)

```
class Matrix {
    /*
     * 这个程序是根据同一层次下各个指标的满分频度得出其判断矩阵。
     */
    private int n;
    private float[] arrayOriginal;

    public void setOriginalArray(float[] array, int size) {
        arrayOriginal = array;
        n = size;
    }

    public float[][] getMatrix() {
        float max = 0;
        float min = 100;
        for (int i = 0; i < n; i++) {
            if (arrayOriginal[i] > max)
                max = arrayOriginal[i];
            if (arrayOriginal[i] < min)
                min = arrayOriginal[i];
        }
        float gap = (float) 100 / 8;
        float b[][] = new float[n][n];
        for (int i = 0; i < n; i++)
            for (int j = 0; j < n; j++) {
                if (arrayOriginal[i] >= arrayOriginal[j]) {
                    b[i][j] = (float) Math.pow(1.316, (arrayOriginal[i] - arrayOriginal[j]) / gap);
                } else {
                    b[i][j] = (float) Math.pow(1.316, (arrayOriginal[j] - arrayOriginal[i]) / gap);
```

```
            b[i][j] = 1 / b[i][j];
        }
    }

    System.out.println("判断矩阵如下:");
    for(int i = 0; i < n; i++){
        for(int j = 0; j < n; j++)
            System.out.print(b[i][j] + "\t");
        System.out.println();
    }

    return b;
  }
}
```

附录6　计算评价指标的权重(程序二)

```
class Weight{
    /*
     * 这个程序是根据已经建立好的判断矩阵算出权重的值,需要根据判断矩阵的
阶数对程序进行微调。最终打印出的结果是各个指标的权重值及最大特征根和一致性
比率。
     */
    static int ARRAY_SIZE = 0;// 数组维数
    static float[] ri_array = { 0.00f, 0.00f, 0.58f, 0.90f, 1.12f, 1.24f,
        1.32f, 1.41f, 1.45f, 1.49f};//平均随机一致性指标值列表

    public static void main(String[] args){
        float arrayOriginal[] = { 50.00f,53.57f};// 对于不同的阶数,只需修改"array-Original"数组的初始化列表,其他地方不用更改
        ARRAY_SIZE = arrayOriginal.length;
        float a[] = new float[ARRAY_SIZE];// the value of AW
```

```
float b[ ][ ] = new float[ARRAY_SIZE][ARRAY_SIZE];// 判断矩阵
float c[ ] = new float[ARRAY_SIZE];// the value of w
float d[ ] = new float[ARRAY_SIZE];
float sumC = 0f;
float lmd = 0f; // lanbuda
float ci = 0f;
float ri = ri_array[ARRAY_SIZE - 1];

System.out.println("满分频度列表:");
for (int i = 0; i < ARRAY_SIZE; i++) {
    System.out.println(arrayOriginal[i] + "%");
}

Matrix w = new Matrix();
w.setOriginalArray(arrayOriginal, arrayOriginal.length);
b = w.getMatrix();

/* get the multiple result of each row */
for (int i = 0; i < ARRAY_SIZE; i++) {
    c[i] = 1;
    for (int j = 0; j < ARRAY_SIZE; j++)
        c[i] = c[i] * b[i][j];
}

/* get the pow value of each element in the c array as wi´ */
double d1 = 1.0 / ARRAY_SIZE;
for (int i = 0; i < ARRAY_SIZE; i++)
    c[i] = (float) Math.pow(c[i], d1);
/* get the sum value of wi´ */
for (int i = 0; i < ARRAY_SIZE; i++)
    sumC = sumC + c[i];
/* get the wi value and print them */
for (int i = 0; i < ARRAY_SIZE; i++)
    c[i] = c[i] / sumC;

System.out.println("各指标的权重:");
```

```
for ( int i = 0; i < ARRAY_SIZE; i + + ) {
    System. out. println( "c" + i + " =" + c[i]);
}
/*
 * the follwing is some compulation about consistency test compute the
 * value of lanbuda; ge the multiple value of two matrix AW.
 */
for ( int i = 0; i < ARRAY_SIZE; i + + )
    for ( int j = 0; j < ARRAY_SIZE; j + + )
        a[i] = a[i] + b[i][j] * c[j];

// get the value of (AW)/nWi
for ( int i = 0; i < ARRAY_SIZE; i + + )
    d[i] = a[i] / (c[i] * ARRAY_SIZE);


// compute the value of lanbuda
for ( int i = 0; i < ARRAY_SIZE; i + + )
    lmd = lmd + d[i];
ci = (lmd - ARRAY_SIZE) / (ARRAY_SIZE - 1);
float cr = ci / ri;
System. out. println( "最大特征根: l =" + lmd);
System. out. println( "随机一致性比率: CR =" + cr);


    }
}
```

附录7 网络数据库实证分析调查问卷

网络数据库评价调查

尊敬的评估人：

您好！非常感谢您在百忙之中给予的大力支持。

本次实证研究的调查对象为国内外网络数据库。考虑到网络数据库的使用权限，范围限定在南京大学图书馆已购买开通使用的网络数据库（http://lib.nju.edu.cn/nju_resource.htm）。根据网络数据库下载量排名，综合考虑收录语种及类型，选择了9个网络数据库作为测评调查对象。

本次调查的目的是对国内外网络数据库的建设现状进行研究，建立一套针对网络数据库的评价体系，并对选定的9个网络数据库进行评估和排序。

最终的调查结果将在汇总分析后发给大家。最后，对您的理解和配合，再次表示由衷的谢意！

课题组

评估人：_____   评估时间：____年__月__日

评分标准：本次调查采用1—5来表示各个网站各项指标的情况。从1到5,评估指标逐渐递增(1:很差； 2:较差； 3:一般； 4:比较好； 5:非常好)

参加测评的网络数据库及网址列表

编号	网络数据库名称	网络数据库网址
1	CNKI	http://202.119.47.27/kns50/
2	VIP	http://202.119.47.6/
3	SCI	http://portal01.isiknowledge.com/portal.cgi？SID = W5lFEAJNDFOco9Do151
4	EI	http://www.engineeringvillage2.org.cn/
5	ProQuest	http://lib.nju.edu.cn/ProQuest.htm
6	Blackwell	http://www.blackwell-synergy.com/
7	Springer	http://springer.lib.tsinghua.edu.cn/(nlixng55tw1sqz3w2xvhhhih)/app/home/main.asp？referrer = default
8	Wiley	http://www.interscience.wiley.com/
9	Elsevier	http://elsevier.lib.tsinghua.edu.cn/

网络数据库名称	收录范围					
^	年度跨度	更新频率	来源文献数量	来源文献质量	来源文献的全面性	特色收藏
^	数据库中收录的文献的年度范围。	更新的周期，周期越短，频率越快。	收录文献的数量多少。	收录文献的质量高低。	收录本领域内文献的完备程度。	同类数据库中，收录文献的收藏特色。
CNKI						
VIP						
SCI						
EI						
ProQuest						
Blackwell						
Springer						
Wiley						
Elsevier						

网络数据库名称	检索功能				
^	检索方式	检索入口	结果处理	检索效率	检索界面
^	是否可以进行布尔检索、组配检索、截词检索、二次检索等方式。	是否可以从著者、著者单位、出版时间、文献类型、文献语种、文献篇名、出版物名称、文摘、主题词/关键词、分类号、ISSN/ISBN、材料识别号等角度检索。	是否可以调整显示方式以及输出方式。	是指检全率、检准率、响应时间、检索速度等方面。	界面设计是否友好、是否易用。
CNKI					
VIP					
SCI					
EI					
ProQuest					
Blackwell					
Springer					
Wiley					
Elsevier					

网络数据库名称	服务功能							
^	资源整合	个性化服务	交互功能	全文提供服务	链接功能	离线配套服务	检索结果分析
^	是指能否进行跨库检索、一站式检索。	如用户界面定制、创建个人账户、邮件定题服务、个人期刊列表等。	如是否可以提供在线帮助、咨询,及定期咨询用户意见等。	能否提供全文及提供的方式,及是否提供不同格式的下载。	如是否可以在检索结果中提供链接指向,如全文、引文、相关文献、其他数据库、网页等。	如是否提供给用户在离线状态下的相关配套服务。	是否对检索结果进行粗略的统计分析。
CNKI							
VIP							
SCI							
EI							
ProQuest							
Blackwell							
Springer							
Wiley							
Elsevier							

网络数据库名称	收费情况		网络安全	
^	收费方式	价格高低	系统安全	用户信息安全
^	是指收费的渠道及其便利性。		是否具有数据备份机制、防火墙、防病毒软件等。	包括身份认证、用户权限设置与控制,以及个人信息的保密性等。
CNKI				
VIP				
SCI				
EI				
ProQuest				
Blackwell				
Springer				
Wiley				
Elsevier				

附录 8 网络数据库评价调查结果汇总（平均得分）

网络数据库名称	收录范围					
	年度跨度	更新频率	来源文献数量	来源文献质量	来源文献的全面性	特色收藏
	数据库中收录的文献的年度范围。	更新的周期，周期越短，频率越快。	收录文献的数量多少。	收录文献的质量高低。	收录本领域内文献的完备程度。	同类数据库中，收录文献的收藏特色。
CNKI	4.33	4.83	4.08	3.75	4.42	3.25
VIP	4.25	4.83	4.08	3.67	4.42	3.25
SCI	4.50	4.58	4.83	4.92	4.75	4.08
EI	4.58	4.50	4.50	4.75	4.50	4.58
ProQuest	4.75	4.17	4.17	4.50	3.92	4.00
Blackwell	4.00	4.08	4.08	4.42	4.33	3.33
Springer	4.17	4.17	4.33	4.75	4.25	3.83
Wiley	4.50	4.17	4.08	4.25	3.92	3.58
Elsevier	4.08	4.58	4.58	4.75	4.75	3.58

网络数据库名称	检索功能					
	检索方式	检索入口	结果处理	检索效率	检索界面
	是否可以进行布尔检索、组配检索、截词检索、二次检索等方式。	是否可以从著者、著者单位、出版时间、文献类型、文献语种、文献篇名、出版物名称、文摘、主题词/关键词、分类号、ISSN/ISBN、材料识别号等角度检索。	是否可以调整显示方式以及输出方式。	是指检全率、检准率、响应时间、检索速度等方面。	界面设计是否友好、是否易用。
CNKI	4.75	5.00	3.75	4.00	4.42
VIP	4.75	5.00	3.58	4.00	4.58
SCI	5.00	5.00	5.00	4.58	4.42
EI	4.67	4.83	4.67	4.42	4.50
ProQuest	5.00	5.00	4.33	4.58	5.00
Blackwell	4.83	4.75	4.00	4.25	4.83
Springer	4.67	4.08	3.83	4.42	4.83
Wiley	4.83	4.58	4.58	4.33	4.83
Elsevier	5.00	4.67	3.83	4.75	4.25

网络数据库名称	服务功能						
	资源整合	个性化服务	交互功能	全文提供服务	链接功能	离线配套服务	检索结果分析
	是指能否进行跨库检索、一站式检索。	如用户界面定制、创建个人账户、邮件定题服务、个人期刊列表等。	如是否可以提供在线帮助、咨询,及定期咨询用户意见等。	能否提供全文及提供的方式,及是否提供不同格式的下载。	如是否可以在检索结果中提供链接指向,如全文、引文、相关文献、其他数据库、网页等。	如是否提供给用户在离线状态下的相关配套服务。	是否对检索结果进行粗略的统计分析。
CNKI	3.75	3.08	3.67	5.00	4.17	3.17	2.83
VIP	3.00	3.75	3.67	4.75	4.17	3.17	2.83
SCI	5.00	4.08	3.83	4.17	5.00	3.58	4.17
EI	3.33	4.08	4.58	3.83	4.00	3.17	4.25
ProQuest	5.00	4.25	3.83	4.00	4.75	3.75	3.75
Blackwell	4.00	4.17	3.83	4.83	4.00	3.58	3.25
Springer	4.00	3.42	4.25	4.25	4.25	3.58	3.00
Wiley	4.33	3.75	4.33	4.42	4.00	3.58	3.00
Elsevier	4.75	3.08	3.83	4.42	4.67	3.42	3.08

网络数据库名称	收费情况		网络安全	
	收费方式	价格高低	系统安全	用户信息安全
	是指收费的渠道及其便利性。		是否具有数据备份机制、防火墙、防病毒软件等。	包括身份认证、用户权限设置与控制,以及个人信息的保密性等。
CNKI	4.17	4.00	4.00	3.92
VIP	4.17	4.00	4.00	3.92
SCI	4.33	4.00	4.00	4.33
EI	4.17	4.00	4.00	4.33
ProQuest	4.33	4.00	4.00	4.42
Blackwell	4.17	4.00	4.00	4.33
Springer	4.17	4.00	4.00	4.17
Wiley	4.33	4.00	4.00	4.42
Elsevier	4.17	4.00	4.00	4.17

注1:问卷调查表共发放并回收12份;本表记录的是平均得分,保留两位有效小数。

注2:灰色区域指标不易获取,考虑到评分对象都是国内外著名网络数据库,采取统一打分(4分),以避免影响整体结果。

附录9 实证分析-建立判断矩阵(程序三)

```
class Matrix2 {
    /*
    *根据同一指标下各个网站的平均得分得出其判断矩阵。计算结果保留两位小数。
    */
    private int n;
    private float[] arrayOriginal;
```

```java
public void setOriginalArray(float[] array, int size) {
    arrayOriginal = array;
    n = size;
}

public float[][] getMatrix() {
    float max = 0;
    float min = 100;
    for (int i = 0; i < n; i++) {
        if (arrayOriginal[i] > max)
            max = arrayOriginal[i];
        if (arrayOriginal[i] < min)
            min = arrayOriginal[i];
    }

    float gap = (float)(5 - 1) / 8;
    float b[][] = new float[n][n];
    for (int i = 0; i < n; i++)
        for (int j = 0; j < n; j++) {
            b[i][j] = (float)Math.round((float)Math.pow(1.316,
                (arrayOriginal[i] - arrayOriginal[j]) / gap) * 100)/100;
        }

    System.out.println("判断矩阵如下:");
    for (int i = 0; i < n; i++) {
        for (int j = 0; j < n; j++)
            System.out.print(b[i][j] + "\t");
        System.out.println();
    }
    return b;
}
}
```

附录10 实证分析-计算权重(程序四)

```
class Weight2 {
    /*
    * 这个程序是根据已经建立好的判断矩阵算出权重的值,需要根据判断矩阵的
阶数对程序进行微调。最终打印出的结果是各个指标的权重值及最大特征根和一致性
比率。
    */
    static int ARRAY_SIZE = 0; // 数组维数
    static float[] ri_array = {0.00f, 0.00f, 0.58f, 0.90f, 1.12f, 1.24f,
        1.32f, 1.41f, 1.45f, 1.49f};

    public static void main(String[] args) {
        float arrayOriginal[] = {3.44f,2.78f,3.33f, 3.22f,2.89f,4.33f,3.67f}; // 对
于不同的阶数,只需修改"arrayOriginal"数组的初始化列表,其他地方不用更改
        ARRAY_SIZE = arrayOriginal.length;
        float a[] = new float[ARRAY_SIZE];// the value of AW
        float b[][] = new float[ARRAY_SIZE][ARRAY_SIZE];// 判断矩阵
        float c[] = new float[ARRAY_SIZE];// the value of w
        float d[] = new float[ARRAY_SIZE];
        float sumC = 0f;
        float lmd = 0f; // lanbuda
        float ci = 0f;
        float ri = ri_array[ARRAY_SIZE - 1];

        System.out.println("该指标各网站平均得分列表:");
        for (int i = 0; i < ARRAY_SIZE; i++) {
            System.out.println(arrayOriginal[i]);
        }

        Matrix2 m = new Matrix2();
        m.setOriginalArray(arrayOriginal, arrayOriginal.length);
        b = m.getMatrix();
```

```
for (int i = 0; i < ARRAY_SIZE; i + +) {
  c[i] = 1;
  for (int j = 0; j < ARRAY_SIZE; j + +)
    c[i] = c[i] * b[i][j];
}

/* get the pow value of each element in the c array as wi´ */
double d1 = 1.0 / ARRAY_SIZE;
for (int i = 0; i < ARRAY_SIZE; i + +)
  c[i] = (float) Math.pow(c[i], d1);
/* get the sum value of wi´ */
for (int i = 0; i < ARRAY_SIZE; i + +)
  sumC = sumC + c[i];
/* get the wi value and print them */
for (int i = 0; i < ARRAY_SIZE; i + +)
  c[i] = c[i] / sumC;

System.out.println("各网站的权重:");
for (int i = 0; i < ARRAY_SIZE; i + +) {
  System.out.println("c" + i + "=" + c[i]);
}
/*
 * the follwing is some compulation about consistency test compute the
 * value of lanbuda; ge the multiple value of two matrix AW.
 */
for (int i = 0; i < ARRAY_SIZE; i + +)
  for (int j = 0; j < ARRAY_SIZE; j + +)
    a[i] = a[i] + b[i][j] * c[j];

// get the value of (AW)/nWi
for (int i = 0; i < ARRAY_SIZE; i + +)
  d[i] = a[i] / (c[i] * ARRAY_SIZE);

// compute the value of lanbuda
for (int i = 0; i < ARRAY_SIZE; i + +)
```

    lmd = lmd + d[i];
ci = (lmd - ARRAY_SIZE) / (ARRAY_SIZE - 1);
float cr = ci / ri;
System. out. println("最大特征根:l = " + lmd);
System. out. println("随机一致性比率:CR = " + cr);

   }
  }

参考文献

[1] 罗春荣. 国外网络数据库:当前特点与发展趋势[J]. 中国图书馆学报,2003(3):44-47.

[2] 于亚芳,刘彩红. 图书馆面向内容管理的网络数据库建设[J]. 图书馆学研究,2002(12):37-38.

[3] 谢新洲,一凡. 欧美数据库产业的发展现状[J]. 情报学报,1997(6):434-442.

[4] 苏建华,王琼. 国内外全文数据库检索功能分析及选择策略[J]. 图书情报知识,2005(2):84-86.

[5] 朱丽君. 网络数据库发展趋势及利用[J]. 图书馆学研究.2004(4):21-22.

[6] 中国互联网络信息中心. 2005年中国互联网络信息资源数量调查报告[EB/OL]. [2006-05-16]. http://www.cnnic.net.cn/uploadfiles/pdf/2006/5/16/183953.pdf

[7] Richmond B. Ten C's for Evaluating Internet Sources[EB/OL]. [2007-04-28]. http://www.uwec.edu/library/research/guides/tenCs.pdf

[8] Allison Woodruff. Overview[EB/OL]. [2004 - 08 - 15]. http://www5conf. inria. fr/fich. html/papers/P7/Overview. html

[9] McKiernan. Citedsites: Citation Indexing of Web Resources [EB/OL]. [2005 - 11 - 26]. http://lists. webjunction. org/wjlists/web4lib/1996 - October/006124. html

[10] Ronald Rousseau. Cybermetrics [EB/OL]. [2004 - 08 - 15]. http://www. cindoc. sic. es/cybermetrics/articles/vlilpl. html

[11] Evaluating Internet Resources: An Annotated Guide to Selected Resources[EB/OL]. [2005 - 10 - 26]. http://www. loc. gov/rr/business/beonline/selectbib. html

[12] Wilkinson, Bennett, Olive. OASIS [EB/OL]. [2005 - 12 - 26]. http://www2. hawaii. edu/~ nguyrn/web/

[13] Kapoun J. Teaching undergrads web evaluation: a guide for library instruction[EB/OL]. [2005 - 08 - 20]. http://www. ala. org/acrl/undwebev. html

[14] Robert C Vreeland. Law libraries in hyperspace: a citation analysis of world wide web sites[J]. Law Library Journal. 2000, 92(1): 9 - 25.

[15] Stoker D, Cooke A. Evaluation of networked information sources [M]// LANCASTER F W. Information superhighway: the role of librarians, information scientists, and intermediaries. Essen: Universitätsbibliothek Essen, 1995. 287 - 312.

[16] Harris Robert. Evaluating Internet Research Sources [M]. Costa Mesa, Calif: [Robert Harris], 1997.

[17] Smith Alastair G. Testing the surf: criteria for evaluating internet information resources[C]//University of Houston. Libraries. The Public - Ac-

cess Computer Systems Review 8, no. 3. Houston, TX: University Libraries, University of Houston, 1997. 1 – 14.

[18] Aguide to critical thinking about what you see on the web[EB/OL]. [2005 – 11 – 16]. http://www.ithaca.edu/library/Training/hott.html

[19] LIIselection criteria[EB/OL]. [2005 – 11 – 12]. http://lii.org/pub/htdocs/selectioncriteria.htm

[20] Internet Public Library. About ipl2 [EB/OL]. [2005 – 07 – 12]. http://www.ipl.org/div/about

[21] OPLIN. Ohio Public Library Information Network [EB/OL]. [2005 – 11 – 26]. http://www.oplin.lib.oh.us/products/abouyt/policies/respol.html

[22] 蒋颖. 因特网学术资源评价:标准与方法[J]. 图书情报工作,1998(11):27 – 31.

[23] 左艺,魏良,赵玉虹. 国际互联网上信息资源优选与评价研究方法初探[J]. 情报学报,1999(4):340 – 343.

[24] 董晓英. 网络环境下信息资源的管理与信息服务[M]. 北京:中国对外翻译出版公司,2000:75 – 81.

[25] 黄奇,郭晓苗. Internet 网站资源的评价[J]. 情报科学,2000(4):350 – 352,354.

[26] 罗春荣,曹树金. 因特网的信息资源的评价[J]. 中国图书馆学报,2001(3):45 – 47.

[27] 粟慧. 网络信息资源评价:评价标准及元数据和 CORC 系统的应用[J]. 情报学报,2001(3):295 – 300.

[28] 田菁. 网络信息与网络信息的评价标准[J]. 图书馆工作与研究,2001(3):29 – 30.

[29]李爱国.Internet 信息资源的评价[J].东南大学学报(哲学社会科学版),2002,4(1A):24-26.

[30]陈雅,郑建明.网站评价指标体系研究[J].中国图书馆学报,2002(5):57-60.

[31]张咏.网络信息资源评价方法[J].图书情报工作,2002(5):41-47,61.

[32]金越.网络信息资源的评价指标研究[J].情报杂志,2004(1):64-66.

[33]强自力.利用搜索引擎高级检索功能评价大学图书馆 Web 站点[J].大学图书馆学报,2000(4):53-54,64.

[34]沙勇忠,欧阳霞.中国省级政府网站的影响力评价——网站链接分析及网络影响因子测度[J].情报资料工作,2004(6):17-22.

[35]邱燕燕.基于层次分析法的网络信息资源评价[J].情报科学,2001(6):599-602.

[36]庞恩旭.基于模糊数学分析方法的网络信息资源评价研究[J].情报理论与实践,2003(6):552-555.

[37]陈文静,陈耀盛.网络信息资源评价研究述评[J].四川图书馆学报,2004(1):25-31.

[38]甘利人,郑小芳,束乾倩.我国四大数据库网站 IA 评价研究(一)[J].图书情报工作,2004(8):26-29.

[39]甘利人,郑小芳,束乾倩.我国四大数据库网站 IA 评价研究(二)[J].图书情报工作,2004(9):28-29.

[40]杜佳,朱庆华.信息构建在网站评价中的应用——以南京大学网站为例[J].情报资料工作,2004(6):13-16.

[41]徐英.网站排行榜评价模式及其评价方法研究[J].情报学报,

2002,21(1):149-151.

[42]陆宝益.网络信息资源的评价[J].情报学报,2002(2):71-76.

[43]蓝曦.网络信息资源的类型及其评价[J].现代情报,2003(9):73-74.

[44]汪媛,赖茂生.网络版全文数据库综合评价模型的测试应用分析[J].情报科学,2005,23(7):1076-1084.

[45]曾昭鸿.国外网络数据库的采购策略[J].情报理论与实践,2004(5):521-522,532.

[46]罗春荣.网络环境下数据库检索平台的评价与选择[J].图书馆理论与实践,2004(4):1-4.

[47]张丽园.5种全文电子期刊数据库的评价分析[J].图书情报工作,2003(2):35-39.

[48]卢恩资.构建高校图书馆网络信息资源体系新思考[J].重庆职业技术学院学报,2004(3):156-157.

[49]甘利人,马彪,李岳蒙.我国四大数据库网站用户满意度评价研究[J].情报学报,2004(5):524-530.

[50]朱庆华.信息分析:基础、方法及应用[M].北京:科学出版社,2004:74-76.

[51]朱庆华.信息分析:基础、方法及应用[M].北京:科学出版社,2004:206-207.

[52]吕跃进,张维.指数标度在AHP标度系统中的重要作用[J].系统工程学报,2003(5):452-456.

[53]吕跃进,张维,曾雪兰.指数标度与1-9标度互不相容及其比较研究[J].工程数学学报,2003(8):77-81.

[54]吕跃进. 层次分析法标度系统评价研究[M]//决策科学理论与方法. 北京:海洋出版社,2001.

[55]南京大学图书馆. 网络电子资源导航[EB/OL]. [2006 - 12 - 26]. http://lib. nju. edu. cn/nju_resource. htm

[56]朱庆华. 信息分析:基础、方法及应用[M]. 北京:科学出版社,2004:209.

[57]朱庆华. 信息分析:基础、方法及应用[M]. 北京:科学出版社,2004:207 - 208.

[58]Ajiferuke I, Wolfram D. Modeling the characteristics of Web page outlinks[J]. Scientometrics,2004(2):119 - 123.

[59]Alastair G Smith. A tale of two web spaces:comparing sites using web impact factors[J]. Journal of Documentation,1999,55(5):577 - 592.

[60]Alastair Smith. Testing the Surf:Indicator for Evaluating Internet Information Resources[EB/OL]. [2005 - 01 - 27]. http://info. lib. uh. edu/pr/v8/n3/smit8n3. html

[61]Carol Tenopir. Database and Online System Usage. Library Journal,2001,126(16):41 - 45.

[62] Carol Tenopir. Evaluation Criteria for Online, CD - ROM. Library Journal,1992,117(4):66 - 69.

[63]Conger S & R Mason. Planning and Designing Effective Web Sites [M]. Course Technology,Cambridge,1998. 35 - 50.

[64]David J Brier and Vickery Kaye Lebbin. Evaluating Title Coverage of Full - Text Periodical Databases. Journal of Academic Librarianship,1999(25):473 - 478.

[65]Evaluating Internet Resources for SOSIG[EB/OL]. [2006 - 01 -

26]. http://sosig. esrc. bris. ac. uk/desire/ecrit. html

[66]Felix B Tan,Lai Lai Tung. Exploring Website Evaluation Criteria using the Repertory Grid Technique: A Web Designers' Perspective. Proceedings of the Second Annual Workshop on HCI Research in MIS, Seattle, WA, December 12 – 13, 2003.

[67]Caywood C. Library Selection Criteria for WWW Resources Available[EB/OL]. [2005 – 12 – 01]. http://www. pilot. infi. net/carolyn/criteria. html

[68]Smith Alastair G. Criteria for evaluation of Internet Information Resources[EB/OL]. [2005 – 10 – 01]. http://www. vuw. ac. nz/staff/alastair smith/evaln/index. htm

[69]James Testa. Current Web Content: Developing Web Site Selection Criteria [EB/OL]. [2005 – 08 – 02]. http://www. isinet. com/hot/essays/23. html

[70]Kristina Voigt and Rainer Bruggemann. Evaluation Criteria for Environment and Chemical Databases Online & CD – ROM Review, 1998, 22(4):247 –262.

[71]Maria De Marsico, Stefano Levialdi. Evaluating web sites: exploiting user's expectations [J]. Int. J. Human – Computer Studies, 2004 (60): 381 –416.

[72]Nicolae – Georgr Dragulanescu. Website Quality Evaluations: Criteria and Tools[J]. Intl. Inform. & Libr. Rev., 2002(34):247 –254.

[73]Ping Zhang, Gisela M von Dran. Satisfiers and Dissatisfiers: A Two-Factor Model for Website Design and Evaluation[J]. Journal of The American Society For Information Science. 2000, 51(14):1253 –1268.

[74] Sandra Wittman. Evaluating Information on Websites [EB/OL]. [2006 – 02 – 17]. http://www.oakton.edu/user/%7Ewittman/eval.htm

[75] Wilkinson G. Consolidated listing of evaluation indicator and quality indicators [EB/OL]. [2005 – 09 – 23]. http://itechl.coe.uga.edu/faculty/gwilkinson/webeval.html

[76] Wilkinson G, Bennett L and Oliver K M. Evaluation Criteria and Indicators of Quality for Internet Resources [J]. EducationTechnology, 1997(3):52 – 59.

[77]查先进. 信息分析与预测[M]. 武汉:武汉大学出版社,2000.

[78]常大勇,张丽丽. 经济管理中的模糊数学方法[M]. 北京:北京经济学院出版社,1995.

[79]段宇锋. 网络链接分析与网站评价研究[M]. 北京:北京图书馆出版社,2005:149 – 150.

[80]高勇军,苏建军. 基于模糊层次分析法的ERP软件选型决策方法研究[J]. 决策参考,2005(2):42 – 44.

[81]郭丽芳. 网络信息资源类型研究[J]. 图书馆理论与实践,2002(4):34 – 35.

[82]黄如花. 网络信息组织:模式与评价[M]. 北京:北京图书馆出版社,2003:82 – 85.

[83]李刚,孙兰. 网络信息资源评价初探[J]. 情报杂志,2000(1):56 – 60.

[84]李薇,蒋绍忠. 层次分析法(AHP)在ERP需求分析中的应用[J]. 技术经济与管理研究,2005(2):23 – 25.

[85]刘传和,王志萍,何玮. 因特网信息资源评价研究进展[J]. 情报理论与实践,2003(3):264 – 266.

[86]刘雷鸣,王艳.关于网站评估模式的比较研究[J].情报学报,2004(2):198-203.

[87]刘雁书,方平.网络信息质量评价指标体系及可获得性研究[J].情报杂志,2002(6):10-12.

[88]刘宇.顾客满意度测评[M].北京:社会科学文献出版社,2003.

[89]卢泰宏.信息分析方法[M].广州:中山大学出版社,1993.

[90]秦铁辉.信息分析与决策[M].北京:北京大学出版社,2001.

[91]邱均平.中国大学网站链接分析及网络影响因子探讨[J].中国软科学,2003(6):151-155.

[92]邱均平.网络数据分析[M].北京:北京大学出版社,2004:214-218.

[93]尚克聪,杨立英.网络环境下情报检索系统性能评价研究[J].图书情报工作,2002(1):68-71.

[94]邵波.用户接受:网络信息资源开发与利用的重要因素[J].中国图书馆学报,2004(1):51-54.

[95]邵艳丽等.国外数字鸿沟问题研究述略[J].情报资料工作,2003(4):77-80.

[96]沈洁,朱庆华.国内外网络信息资源评价指标研究述评[J].情报科学,2005(7):1104-1109.

[97]孙兰,李刚.试论网络信息资源评价[J].图书馆建设,1999(4):66-68.

[98]孙延蘅.网络信息资源的特点与分类[J].情报资料工作,2002(2):34-35.

[99]汪媛.我国高校图书馆引进网络版全文数据库的综合评价模型

[J].情报科学,2004(9):1061-1065.

[100]王鉴辉.数字图书馆评价体系问题研究[J].中国图书馆学报,2004(4):55-57.

[101]王欣,孟连生.互联网上3种中文期刊全文数据库比较研究[J].图书情报工作,2002(6):90-92.

[102]王渊.网络信息资源评价的指标体系及其实现[J].情报杂志,2004(10):20-21.

[103]邬晓鸥,李世新.从指标的类型论网站评价指标的设置[J].情报学报,2005(3):352-356.

[104]肖珑,张宇红.电子资源评价指标体系的建立初探[J].大学图书馆学报,2002(3):35-42.

[105]肖珑.国外网络数据库的引进与使用[J].现代图书情报技术,2000(2):58-60.

[106]张咏.网络信息资源评价相关问题[J].情报理论与实践,2002(5):375-378.

[107]赵俊玲,陈兰杰.国外网络信息资源评价研究综述[J].图书馆工作与研究,2004(3):24-26.

[108]赵仪,赵熊,张成昱.专业网站的评价指标分析[J].现代图书情报技术,2002(4):43-45.

[109]邹志仁,黄奇,孙建军.情报研究定量方法[M].南京:南京大学出版社,1992.

致　谢

本书内容主要基于国家社会科学基金一般项目(编号:04BTQ023,名称:网络信息资源评价指标体系建立和测定)和教育部人文社会科学研究一般项目(编号:09YJC870013,名称:高校图书馆社会价值评价指标体系的建立与测定)的研究成果。

衷心感谢导师岳泉教授,在岳老师的严格要求和耐心帮助下,使我得窥科研门径。在毕业论文选题、前期资料准备及论文写作答辩的过程中,岳老师都给予了悉心指导,使我能够顺利完成学业。感激之情非只言片语所能表达,唯有继续努力、不懈奋斗,不负老师期望!

特别感谢朱庆华教授,在读期间有幸加入朱老师主持的国家社科项目组。朱老师严谨的工作作风、渊博的学术知识、丰富的实践经验都让我受益匪浅。借此机会,向朱老师表示最诚挚的敬意!

在南京大学信息管理学院学习期间,还得到了很多老师的悉心指导和无私帮助,以及在项目组成员的大力支持和协作。在南京大学图书馆工作期间,也得到领导和同事们的关心和认可,更有长期无私的传帮带,未能一一致谢,特借此表示衷心感谢!有幸成为南京大学的一员,我感到无比骄傲和自豪,衷心祝愿南京大学信息管理学院和图书馆的明天更美好!

还要借此感谢陈慧鹏、曹强、袁顺波、孙清玉、王慧同学。我们共同完成了教育部人文社科项目,从项目申报到顺利结项,一起付出辛勤汗水的同时,也一起度过那段美好时光。

最后要感谢妻子和家人,长期给予的最大支持和理解,为我创造了良好的学习和工作环境,陪伴我走过人生中每一个重要时刻。

汪徽志

2018年1月8日于南大和园